# Geschichte

**Grundwissen Sek. I Gymnasium**

Zum Nachschlagen
ab 10. Klasse Gymnasium

Verfasst von
Martin Ehrenfeuchter
Stefan Schipperges
Stefan Weih



Oldenbourg

## 10000 Jahre europäische Geschichte

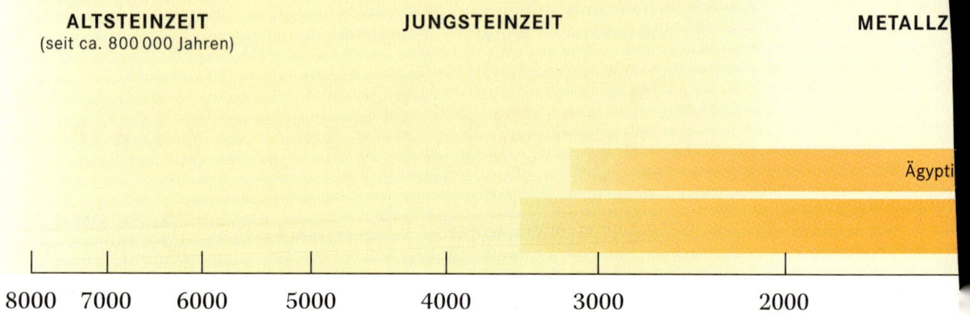


## Hauptphasen der europäischen Geschichte seit 1500

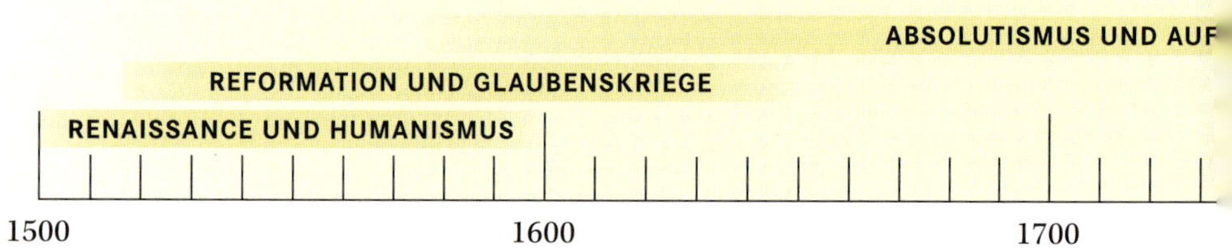


## Phasen der deutschen Geschichte 1800 bis heute

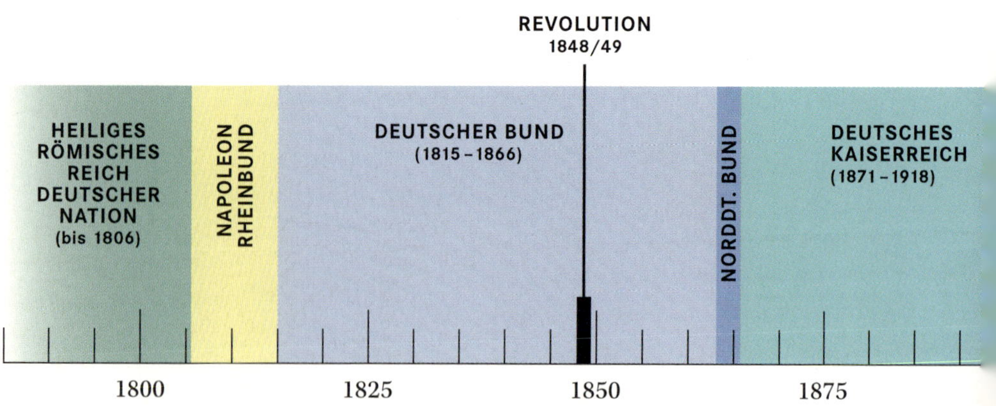

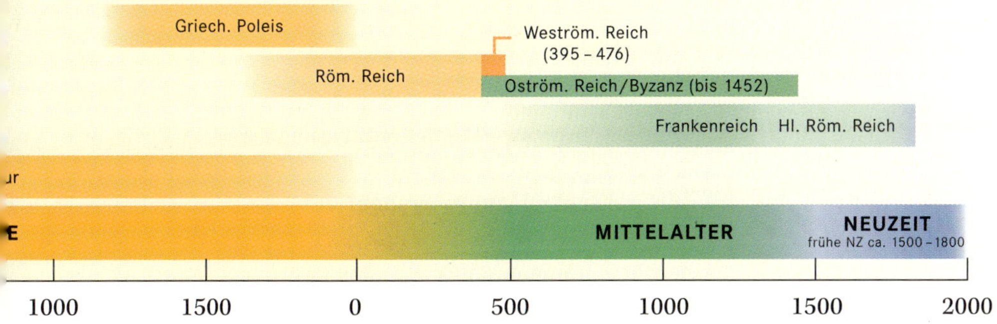
Griech. Poleis
Weström. Reich
(395 - 476)
Röm. Reich
Oström. Reich/Byzanz (bis 1452)
Frankenreich
Hl. Röm. Reich
ur
E
MITTELALTER
NEUZEIT
frühe NZ ca. 1500 - 1800
1000
1500
0
500
1000
1500
2000

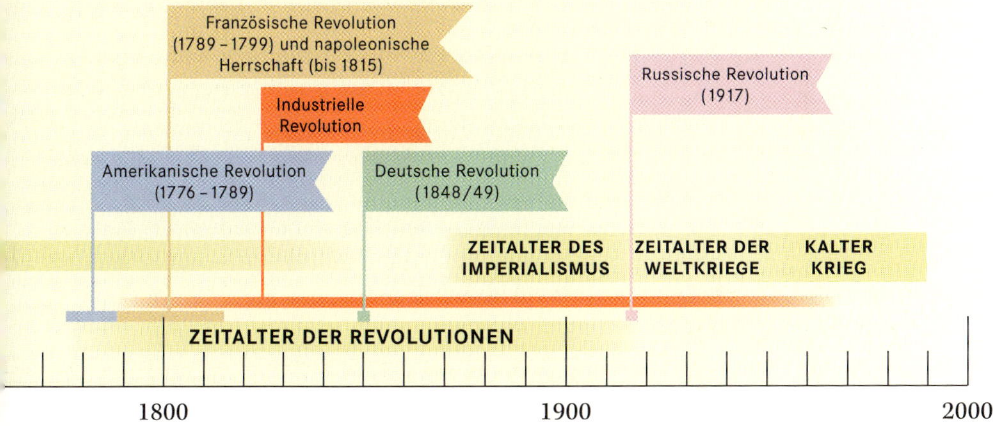
Französische Revolution (1789 - 1799) und napoleonische Herrschaft (bis 1815)
Russische Revolution (1917)
Industrielle Revolution
Amerikanische Revolution (1776 - 1789)
Deutsche Revolution (1848/49)
ZEITALTER DES IMPERIALISMUS
ZEITALTER DER WELTKRIEGE
KALTER KRIEG
ZEITALTER DER REVOLUTIONEN
1800
1900
2000

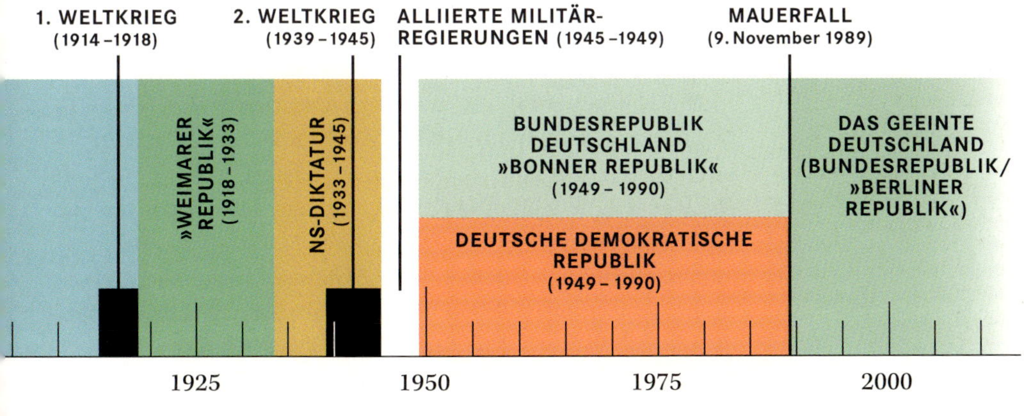
1. WELTKRIEG (1914 -1918)
2. WELTKRIEG (1939 -1945)
ALLIIERTE MILITÄR-REGIERUNGEN (1945 -1949)
MAUERFALL (9. November 1989)
»WEIMARER REPUBLIK« (1918 -1933)
NS-DIKTATUR (1933 -1945)
BUNDESREPUBLIK DEUTSCHLAND »BONNER REPUBLIK« (1949 - 1990)
DEUTSCHE DEMOKRATISCHE REPUBLIK (1949 - 1990)
DAS GEEINTE DEUTSCHLAND (BUNDESREPUBLIK/ »BERLINER REPUBLIK«)
1925
1950
1975
2000

# Was ist Geschichte?

## Die Vergangenheit will erklärt werden

Fragen an die Geschichte

Geschichte ist der Versuch, die Vergangenheit des Menschen zu erklären. Die Vorgangsweisen und die Gründe können dabei ganz unterschiedlich sein. Deshalb gibt es auch nicht die eine wahre und richtige Geschichte, sondern immer nur verschiedene Erklärungsversuche. Geschichte kann weder richtig noch falsch, sondern nur gut oder weniger gut erklärt sein. Auch hängt eine Schlussfolgerung davon ab, welche Informationen zur Verfügung stehen und wie man diese auswertet. Menschen, die sich berufsmäßig mit der Vergangenheit beschäftigen, nennt man Historiker bzw. Historikerinnen. Der Begriff »Historie« leitet sich ab von dem griechischen Wort »historia«, was so viel wie Wissen oder Kunde bedeutet. Im Deutschen spricht man auch von »Geschichte« oder Geschichtswissenschaft.
Um die Vergangenheit zu erklären, muss man Fragen an die Geschichte stellen, zum Beispiel: Wie lebten Menschen früher? Welche Aufgaben hatten sie in der Gesellschaft? Welche Neuerungen erleichterten ihren Alltag? Je genauer unsere Fragen an die Vergangenheit sind, umso mehr Informationen erhalten wir.

## Schriftliche und nichtschriftliche Quellen

Um zu wissen, was früher war, muss man nach überlieferten Materialien suchen, diese sichern und auswerten. Solche Materialien nennen wir Quellen, weil aus ihnen unser Wissen über die Vergangenheit gewissermaßen »quillt«. Man gliedert dabei in schriftliche und nichtschriftliche Quellen. Schriftliche Quellen sind beispielsweise Urkunden, Briefe und Zeitungen. Sie können aus unterschiedlichen Materialien hergestellt worden sein, z. B. aus Pergament oder Tierfellen, in Stein eingemeißelt, in weiches Wachs oder Ton geritzt.
Der Vorteil schriftlicher Quellen ist, dass man ihre Botschaft immer wieder nachlesen kann, vorausgesetzt, man hat die Schriftzeichen entziffert. Alle anderen Materialien werden als nichtschriftliche Quellen oder Überreste bezeichnet. Dazu gehören u. a. alle Bildquellen, aber auch Bauwerke, Waffen, Schmuck, Münzen, Kleidung und Haushaltsgeräte.

### Quellenvergleich

Die Aufgabe der Geschichtswissenschaft ist es, die Materialien zum »Sprechen« zu bringen, d. h. Rückschlüsse über das Leben in der Vergangenheit aus ihnen zu ziehen. Dabei hilft es, verschiedene Quellen miteinander zu vergleichen.

### Orte der Erinnerung

Museen, Archive, Fachbücher

Heutzutage werden die meisten der geschichtlichen Quellen in Museen oder Archiven aufbewahrt. Bereits verarbeitete Informationen finden sich in Fachbüchern oder Fachzeitschriften, in Lexika oder Internet-Artikeln.

### Zeitliche Einordnung

Chronologie

Wer sich mit der Vergangenheit beschäftigt, muss das, was »früher« war, genau einordnen. Die häufigste Anordnung der Ereignisse in der Geschichte ist die zeitliche, Chronologie (griech. chronos = Zeit) genannt. Dabei helfen bestimmte Fixpunkte. Im christlichen Kulturkreis gilt die Geburt von Jesus Christus als Orientierungspunkt. Man rechnet in Jahren »vor Christi Geburt« (v. Chr.) und »nach Christi Geburt« (n. Chr.). Die islamische Zeitrechnung beginnt mit der Flucht Mohammeds aus Mekka 622 n. Chr., die jüdische mit der Erschaffung der Welt, die nach christlicher Zeitrechnung ins Jahr 3761 v. Chr. gelegt wird.
Ein weiterer Ordnungsfaktor ist die Einteilung der Ereignisse in Epochen. So wird die gesamte Geschichte meistens in drei große Zeitabschnitte gegliedert: in das Altertum oder die Antike, das Mittelalter und die Neuzeit. Alle Großepochen lassen sich wiederum in weitere kleinere Epochen aufteilen.

Antike (ca. 3000 v. Chr. – ca. 500 n. Chr.) | Mittelalter (ca. 500 – 1500) | Neuzeit (ab ca. 1500 bis heute)

### Warum Geschichte?

Mithilfe der Informationen aus der Geschichte wollen Menschen erfahren, wieso die Welt so geworden ist, wie sie heute ist. Manche Menschen meinen auch, dass man aus der Geschichte lernen und erkannte Fehler in Zukunft vermeiden könne. Und schließlich verhilft Geschichte dazu, die Erinnerung an vergangene Zeiten zu bewahren und so die eigenen Wurzeln zu erkennen.

# Wann beginnt die Geschichte?

## Vorgeschichte

Den Abschnitt der Menschheitsgeschichte über den es keine schriftlichen Aufzeichnungen gibt, bezeichnet man als Vorgeschichte oder Ur- und Frühgeschichte. Er ist der mit Abstand längste in der Geschichte. Die Entwicklung des Menschen in diesem Zeitraum lässt sich nur aus wenigen Knochen- oder Werkzeugfunden rekonstruieren. Dabei unterscheidet man, je nachdem, womit die wichtigsten Werkzeuge hergestellt wurden, zwischen Stein- und Metallzeit, wobei letztere in Bronze- und Eisenzeit gegliedert wird.

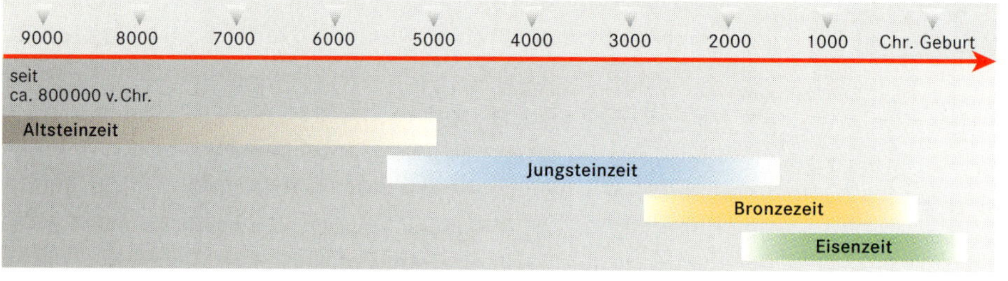


## Evolution

Entwicklungsstufen des Menschen

Die Entwicklung des heutigen Menschen (Homo sapiens sapiens) vollzog sich über den immens langen Zeitraum von ca. sieben Millionen Jahren. Die ersten aufrecht gehenden Wesen, Vormensch oder Australopithecus (= Südaffe) genannt, lebten vor ca. vier Millionen Jahren in den Savannen Ost- und Südafrikas. Es wird vermutet, dass verschiedene Vormenschenarten nebeneinander existierten.

Der Frühmensch entwickelte sich etwa vor 2 bis 1,5 Millionen Jahren. Wie schon der Vormensch ging er aufrecht. Der aufrechte Gang ermöglichte den Gebrauch von Werkzeugen, weswegen man auch vom »geschickten Menschen« (Homo habilis) spricht. Als erste dem heutigen Menschen ähnelnde Menschenform gilt der Homo erectus. Die stete Vergrößerung des Gehirns als Zentrum für Denken, Sprechen und Handeln wurde so zum Hauptunterschiedsmerkmal zwischen Affen und Menschen.

Der moderne oder auch verständige Mensch (Homo sapiens sapiens) verdrängte vermutlich alle anderen Menschenarten.

Homo erectus

Vor etwa 120 000 Jahren trat der Homo sapiens in Afrika auf und verbreitete sich über die Kontinente. In Europa tauchte er vor ca. 40 000 Jahren auf. Er konnte sich an verschiedene Lebensbedingungen und Klimazonen anpassen. Das war überlebenswichtig, insbesondere während der Eiszeiten, als Europa zu weiten Teilen von riesigen Gletschern bedeckt war und es nur wenige eisfreie Zonen mit einer kargen Vegetation gab.

## Altsteinzeit

Jäger und Sammler

Die Menschen der Altsteinzeit lebten in Horden, bestehend aus ca. 15 – 30 Familien, und zogen dem Wild hinterher. Sie lebten vom Jagen und Sammeln. Daher sprechen wir auch von »aneignender Lebensweise«. Als eine der bedeutendsten Entwicklungsschritte der Steinzeit gilt die Nutzung des Feuers. Es spendete nicht nur Licht und Schutz vor wilden Tieren, sondern ließ die Nahrung bekömmlicher werden. Unterschlupf gewährten Zelte aus Tierfellen oder Höhlen. Höhlenmalereien zeugen heute noch von der zentralen Bedeutung der Jagd. Forscher sind sich weitgehend einig, dass die Bilderhöhlen Heiligtümer waren, in denen für das Jagdglück gebetet und geopfert wurde.

## Jungsteinzeit

Ackerbauern und Viehzüchter

Mit dem Ende der letzten Eiszeit um 10 000 v. Chr. vollzog sich die größte Veränderung in der menschlichen Lebensweise. Die Temperaturen stiegen an, die Pflanzen- und Tierwelt veränderte sich. Neben dem Jagen wurde das Sammeln von Pflanzen für die Ernährung immer wichtiger.

Ausbreitung des Ackerbaus in Vorderasien und Europa

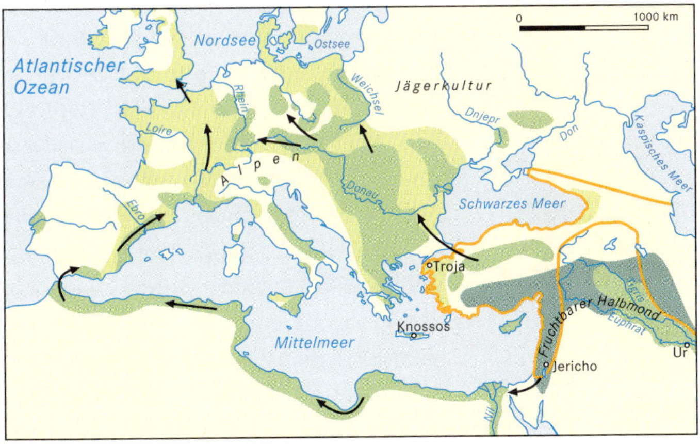


im 8. und 7. Jtsd. v. Chr.
im 6. und 5. Jtsd. v. Chr.
im 4. Jtsd. v. Chr.
Verbreitungsgebiet wilder Vorformen von Weizen und Gerste
Wege der Verbreitung

Um 8000 v. Chr. entdeckte man im Zweistromland, in Anatolien und Syrien, dem »Fruchtbaren Halbmond«, dass die Körner von Getreide nicht nur gesammelt werden konnten. Man begann, Vorformen des heutigen Getreides anzubauen. Die Menschen der Jungsteinzeit bedienten sich nicht mehr nur der Natur, sondern beuteten sie durch Rodungen und immer neue Felder für sich aus.

**Neolithische Revolution**

Aus Jägern und Sammlern werden Ackerbauern und Viehzüchter

Mit dem Ackerbau begannen die Menschen sesshaft zu werden. Sie bauten feste Häuser, deren Wände mit Lehm verputzt wurden und die eine Feuerstelle hatten, die auch in den kälteren Jahreszeiten genügend Schutz und Wärme boten. Sie zähmten Tiere wie Schafe, Rinder und Pferde zu Haustieren und lernten Viehzucht zu betreiben. Zugleich entwickelten sie bessere Werkzeuge und neue Geräte wie die Töpferscheibe. Um den Boden besser bearbeiten zu können, erfanden die Menschen neue Techniken wie den Pflug. Auch die Erfindung des Rades und des Wagens fällt in die Jungsteinzeit. Es kam zur Herausbildung von Spezialisten; die ersten Berufe entstanden. Die nicht zum eigenen Gebrauch benötigten Dinge wurden von Händlern gegen Nahrungsmittel getauscht und weiter vertrieben. Diese grundlegende Veränderung der Lebensverhältnisse wird als neolithische (jungsteinzeitliche) Revolution bezeichnet.

**Metallzeit**

Bronze- und Eisenzeit

Schon bald nach der Sesshaftwerdung entwickelten die Menschen auch Verfahren zur Bearbeitung von Metallen, die leichter zu formen waren als Stein. Über das Hämmern von Metallen in glühendem Zustand gelangte man zur Technik des Schmelzens. Zunächst wurden vor allem weiche und relativ leicht zu schmelzende Metalle wie Kupfer bearbeitet. Um 2500 v. Chr. aber wagte man sich auch an das härtere Bronze, eine Mischung aus Kupfer und Zinn, heran, das bessere Waffen und haltbarere Gegenstände erbrachte. Noch widerstandsfähiger als Bronze war schließlich Eisenerz. Seit etwa 1300 v. Chr. kam in Kleinasien Eisen als neues Metall in Gebrauch, in Süddeutschland nutzte man den neuen Werkstoff etwa ab 800 v. Chr. Ein Volk, das sich besonders auf die Eisenverarbeitung verstand, waren die Kelten.

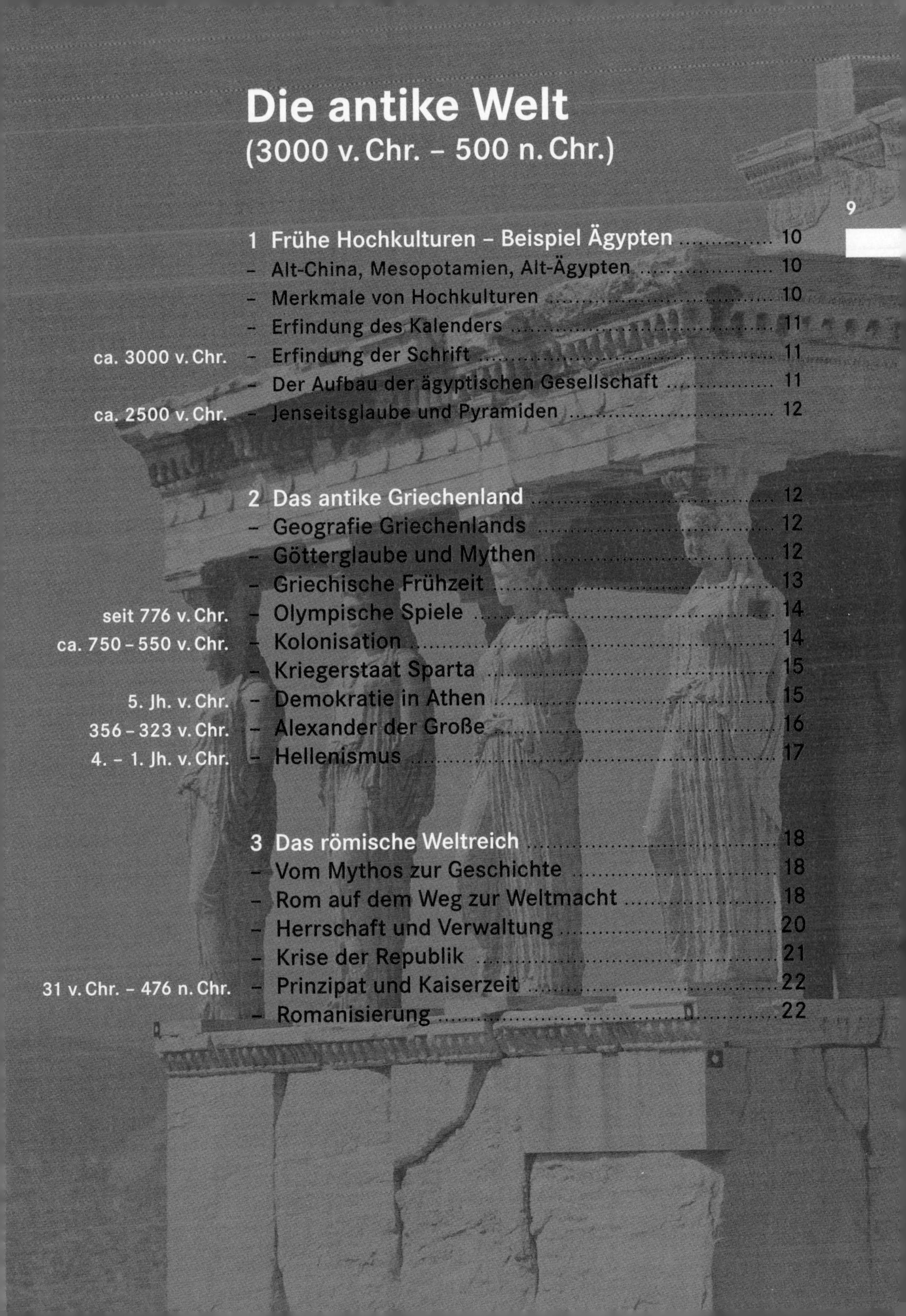

# Die antike Welt
## (3000 v. Chr. – 500 n. Chr.)

Die Epoche des Altertums, auch Antike (lat. antiquus = alt) genannt, beginnt im weiteren Sinn mit dem Zeitabschnitt, aus dem schriftliche Quellen überliefert sind; somit bezieht sich dieser auf die frühen Hochkulturen ab 3000 v. Chr. Im engeren Sinn wird mit Antike nur die Geschichte des klassischen Altertums bezeichnet (1200 v. Chr. – ca. 500 n. Chr.). Darunter verstehen die Historiker die Zeit der Griechen und Römer und ihre politischen, kulturellen und wissenschaftlichen Errungenschaften.

Cheopspyramide mit Sphinx (Kairo/Gizeh), erbaut 2540 v. Chr. – eines der Weltwunder der Antike

## 1 Frühe Hochkulturen – Beispiel Ägypten

**Alt-China, Mesopotamien, Alt-Ägypten**

Ab dem 3. Jahrtausend v. Chr. lassen sich an fruchtbaren Ufern mächtiger Ströme größere Gemeinschaften nachweisen. So zum Beispiel am Huang He, dem »Gelben Fluss« in Alt-China, im Zweistromland (griech. »Mesopotamien«) an den Flüssen Euphrat und Tigris oder am Nil in Ägypten.

**Merkmale von Hochkulturen**

Diese frühen Hochkulturen hatten als wesentliche Merkmale eine gegliederte Gesellschaftsordnung (Hierarchie) mit festen Regeln. An der Spitze des Staates stand ein Herrscher. Nur mithilfe einer zentralen Regierung und leistungsfähigen Verwaltung konnte die Zusammenarbeit funktionieren, die Versorgung der Menschen in Notzeiten sichergestellt und riesige Bauvorhaben verwirklicht werden. Arbeitsteilung war notwendig; viele Berufe entstanden. Für die Verwaltung war insbesondere das Vorhandensein einer Schrift wichtig. Eine Hochkultur zeichnet sich auch aus durch große Leistungen auf dem Gebiet der Technik und der Wissenschaften. Religion und Kunst nehmen einen breiten Raum ein.





**Erfindung des Kalenders**

Eine der ersten Hochkulturen entstand am Nil in Ägypten. In regelmäßigen Abständen kam es dort zu Überschwemmungen, nach Zurückgehen des Wassers blieb an den Flussufern fruchtbarer Schlamm zurück. Dieser Nährboden ermöglichte eine intensive Landwirtschaft. Die Ägypter beobachteten, dass es von einer Nilüberschwemmung bis zur nächsten 365 Tage dauerte. Aufgrund dieser Entdeckung entwickelten sie einen Kalender, der in Grundzügen bis heute gültig ist.

**Erfindung der Schrift**

Das regelmäßig wiederkehrende Hochwasser zwang die Ägypter, ihr Zusammenleben straff zu organisieren. Um die zentralen Gemeinschaftsaufgaben zu regeln, vor allem um die Versorgung der Menschen über größere Entfernungen zu ermöglichen, bedurfte es einer guten Verwaltung. Mithilfe einer Hieroglyphenschrift, die aus verschiedenen Bildzeichen bestand, konnte u. a. die genaue Anzahl der Ernteerträge und die Höhe der Vorräte festgehalten, aber auch Wissen für die nachfolgenden Generationen gesichert werden.

**Der Aufbau der ägyptischen Gesellschaft**

So entstand eine Gesellschaft, in der jeder seinen festen Platz hatte. An der Spitze stand der Pharao, was so viel wie »großes Haus« bedeutet. Der Pharao war sowohl weltlicher Herrscher als auch Bindeglied zwischen den Menschen und den Göttern, weswegen man ihn wie einen Gott verehrte. Seine Macht wurde vom Vater auf den Sohn übertragen. Der Stellvertreter des Pharaos, der Wesir, und die schriftkundigen Beamten bildeten die Oberschicht, die das Land verwaltete. Den Großteil der Bevölkerung, am untersten Rand der Bevölkerungspyramide stehend, bildeten Handwerker, Händler sowie Bauern und Sklaven.

Frauen hatten in der ägyptischen Gesellschaft deutlich mehr Rechte und Freiheiten als die Frauen in späteren Zeiten. So konnten sie ihren Besitz ohne Zustimmung des Mannes vererben und durften einen Beruf ausüben, Verträge und Rechtsgeschäfte abschließen.

**Jenseitsglaube und Pyramiden**

Die Ägypter glaubten an eine Vielzahl von Göttern (griech. »Polytheismus«). Oberster Gott war der Sonnengott Re, als dessen Sohn der Pharao verehrt wurde.

Besonders ausgeprägt war der Jenseitsglaube der Ägypter, in deren Vorstellung es ein Weiterleben nach dem Tod gab. Ausschlaggebend dafür war ein gottgefälliges Leben im Diesseits, das, so glaubten die Ägypter, nach dem Tod durch das Totengericht überprüft werde. Um das Weiterleben nach dem Tod zu sichern, wurden bei reicheren und mächtigeren Ägyptern die Leichen der Verstorbenen mumifiziert, d. h. speziell behandelt, um eine Verwesung zu verhindern. Zum Schutz des Leichnams ließen sich die Pharaonen mächtige Grabmäler errichten, die Pyramiden.

Sonnengott Re mit Falkenkopf

## 2 Das antike Griechenland

Wenn wir nach dem Beginn der europäischen Geschichte fragen, müssen wir von Griechenland erzählen. Vieles von dem, was wir heute als typisch für Europa betrachten, hatte seinen Ursprung auf der griechischen Halbinsel und der damals griechisch besiedelten kleinasiatischen Küste, die heute die türkische Westküste bildet.

**Geografie Griechenlands**

Landschaft, Natur und Meer bestimmen die Poliswelt

Während sich in Ägypten das Leben in erster Linie an den flachen Ufern des Nils abspielte und ein einheitliches Großreich entstand, waren die Städte Griechenlands durch hohe Gebirge voneinander getrennt und meist dem Meer zugewandt. So entwickelte sich in Griechenland eine Vielzahl von Stadtstaaten, die »Poleis« (Ez. Polis). Die bekanntesten von ihnen waren Athen und Sparta. Kontakt zwischen den Poleis gab es vor allem über das Meer; die Griechen waren geübte Seefahrer.

**Götterglaube und Mythen**

Trotz der unabhängigen Entwicklung der einzelnen Stadtstaaten entstand unter den Griechen im Laufe der Zeit ein starkes Zusammengehörigkeitsgefühl. Sie nannten sich »Hellenen« und wollten sich damit von den nicht Griechisch sprechenden Völkern abheben. Sie fühlten sich durch die gemeinsame

Sprache und Schrift sowie durch einen gemeinsamen Götterglauben verbunden. Sie erzählten dieselben Sagen und Mythen.

Griechische 2-Euro-Münze

So geht auch der Name des Kontinents »Europa« auf eine Sage zurück: Europa war die Tochter eines phönizischen Königs im heutigen Libanon. Im Traum erfuhr die Prinzessin, dass sich zwei Frauen um sie stritten. Die eine war das »Land Asien«, die andere »das Land gegenüber«; beide wollten sie für sich gewinnen. Jedoch Zeus, der höchste Gott, verliebte sich in sie, verwandelte sich in einen Stier und entführte Europa auf die Insel Kreta. Dem Kontinent, zu dem die Insel gehörte, gab er daraufhin den Namen der Königstochter.

Die Griechen glaubten, ähnlich wie die Ägypter, an eine Vielzahl von Göttern, die sie um Rat fragten, durch Opfer milde stimmten und denen zu Ehren sie Feste feierten; das bekannteste von ihnen waren die Olympischen Spiele. In den griechischen Vorstellungen hatten die Götter ihren Sitz auf dem Olymp, sie besaßen neben außergewöhnlichen Fähigkeiten und ihrer Unsterblichkeit auch viele menschliche Eigenschaften: Sie verliebten sich, waren eifersüchtig, betrogen und bekämpften sich.

## Griechische Frühzeit

Homer: »Ilias«

Über die griechische Frühzeit ist wenig bekannt. Wir wissen jedoch aus den Versen Homers, dem ältesten bekannten europäischen Dichter, vieles über die Verhältnisse jener Zeit. Im 8. Jh. v. Chr. verfasste er die »Ilias«. In ihr berichtet er von den letzten Tagen des zehnjährigen Kriegs der Griechen gegen die kleinasiatische Stadt Troja, die sie schließlich mithilfe einer Kriegslist eroberten. Auch wenn das Geschehen nicht historisch belegt ist, erfahren wir viel über die Wertvorstellungen der griechischen Adligen der Frühzeit: »Immer der Beste zu sein und sich auszuzeichnen vor anderen«, lehrt der Held Peleus seinen Sohn, und das galt für einen jungen Adligen im Krieg genauso wie im Wettkampf.

## Olympische Spiele

Diskuswerfer

Um das Streben nach Kampf und Sieg in friedlichere Bahnen zu lenken, entstanden die Olympischen Spiele, die zu Ehren des Göttervaters Zeus veranstaltet wurden. Seit 776 v. Chr. sind sie nachgewiesen.
Die besten Athleten aus allen Teilen Griechenlands trafen sich in Olympia und maßen sich im Laufen, Springen, Kämpfen und Werfen. Auch hier galt, dass nur der erste Platz etwas zählte. Dem Sieger winkten Ruhm und Ehre, stattliche Prämien, oft auch ein politisches Amt in seiner Heimatstadt.

## Kolonisation

Gründung von Tochterstädten

Im 8. und 7. Jh. v. Chr. nahm die Bevölkerung in den griechischen Poleis so stark zu, dass der karge Boden keine ausreichende Ernährungsgrundlage mehr bot. Viele Poleis gründeten daraufhin Tochterstädte (Kolonien) an den Küsten des Mittelmeers und des Schwarzen Meers, in denen die Auswanderer eine neue Heimat fanden.

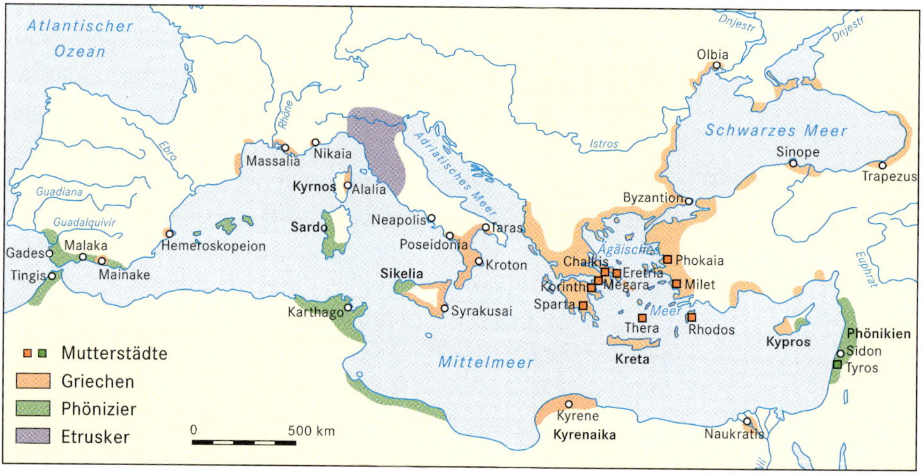


Siedlungsgebiete der Griechen, Phönizier und Etrusker (ca. 750 – 550 v. Chr.)

Die Städte blieben mit ihren Mutterstädten in Kontakt und übernahmen auch deren politische Ordnung: So gehen z. B. Marseille, Neapel und Syrakus auf griechische Kolonien zurück. Durch diese Städte verbreitete sich über weite Teile Europas auch die hellenische Kultur: der griechische Tempelbau, literarische Werke wie Komödien oder Tragödien und die Anschauungen griechischer Philosophen, die später eine Grundlage für die modernen Wissenschaften werden sollten. Als fünf Jahrhunderte später Griechenland ein Teil des römischen Weltreichs wurde, übernahmen die Römer viele Errungenschaften der Griechen. Auf diesem Weg beeinflussten griechische und römische Kultur gemeinsam die weitere Geschichte Europas.



## Kriegerstaat Sparta

Innerhalb Griechenlands entwickelten sich die einzelnen Poleis sehr unterschiedlich. Als in Sparta, einem Stadtstaat auf der Halbinsel Peloponnes, im 8. Jh. v. Chr. die Bevölkerung stetig zunahm, gründeten die Spartaner keine Kolonien, sondern eroberten Gebiete in der Umgebung ihrer Stadt. Bald beherrschten sie fast die gesamte Peloponnes und versklavten den Großteil der Bevölkerung. Diese Sklaven nannten sie Heloten. Weil deren Zahl anstieg, mussten fast alle Spartaner Soldaten werden, um sich vor Aufständen zu schützen. Wer einen Heloten tötete, blieb straffrei. Auch die Kinder wurden schon früh auf ihr Dasein als Soldaten vorbereitet; der Ältestenrat, die Gerusia, entschied, ob ein Kind kräftig genug war oder ob es gleich getötet werden sollte. Alles in Sparta wurde den Bedürfnissen eines Kriegerstaates untergeordnet.

Parthenontempel auf der Akropolis in Athen (um 450 v. Chr. erbaut)

## Demokratie in Athen

Vorform unserer heutigen Demokratie

Ganz anders verlief die Entwicklung in Athen auf der Halbinsel Attika. Auch hier hatten im 8. und 7. Jh. Adlige regiert. Unter dem Reformer Solon erhielten um 600 v. Chr. viele Athener das Recht, sich an der Volksversammlung und dem Volksgericht zu beteiligen.

Die Athener identifizierten sich so mit ihrem Staat, dass es ihnen 490 – 479 v. Chr. gelang, das zahlenmäßig weit überlegene persische Heer abzuwehren: Während die persischen Söldner zum Kämpfen gezwungen waren, kämpften die athenischen Bürger erfolgreich für ihre Freiheit.

Nach vielen Reformversuchen und der Herrschaft von Tyrannen errichtete der Politiker Perikles um 460 v. Chr. eine Staatsform, die wir noch heute als Vorbild für die heutige Demokratie ansehen: Alle wichtigen Entscheidungen traf die Volksversammlung, zu der jeder freie männliche athenische Bürger Zugang hatte. Die Volksversammlung wählte die obersten Beamten und die Strategen, die Heerführer. Die 6000 Geschworenen des Volksgerichtes wurden ausgelost. Einmal im Jahr fand ein Scherbengericht statt. Die Namen unbeliebter Politiker wurden von Mitgliedern der Volksversammlung auf Tonscherben geschrieben. Der meistgenannte musste die Stadt für einige Jahre verlassen.

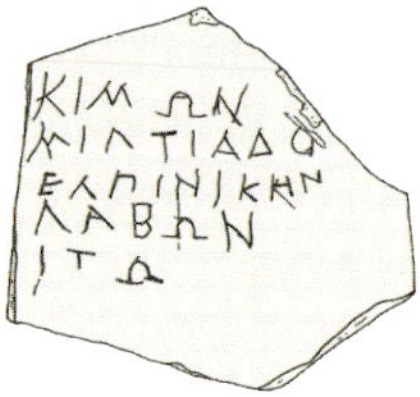

Tonscherbe mit folgender Aufschrift: »Kimon, der Sohn des Miltiades, soll Elpinike nehmen und abhauen!«

Die bildenden Künste, die Literatur, die Philosophie und die Architektur erreichten im demokratischen Athen eine solche Blüte, dass wir diese Epoche und ihre Werke als klassisch und damit zeitlos bezeichnen. Noch heute sind sie für Künstler aller Art Vorbild und Maßstab.

## Alexander der Große

Die Blüte der griechischen Poleis ging zu Ende, als Athen und Sparta von 431 bis 404 v. Chr. im »Peloponnesischen Krieg« um die Vorherrschaft in Griechenland kämpften und sich dabei schweren Schaden zufügten. Den folgenden Dauerzwist unter den griechischen Stadtstaaten wusste König Philipp von Makedonien auszunutzen; er unterwarf die meisten Poleis.

Während der Vorbereitungen zu einem Krieg gegen das Perserreich wurde er ermordet. An seine Stelle trat sein zwanzigjähriger Sohn Alexander. Diesem gelang es, innerhalb von zehn Jahren Herrscher über ein Weltreich zu werden: Nach Siegen bei Issos (333 v. Chr.) und Gaugamela (331 v. Chr.) beherrschte er das Perserreich; nach der Eroberung Ägyptens wurde er dort wie ein Pharao verehrt. Seinen ehrgeizigen Plan, Indien und damit die ganze damals bekannte Welt zu beherrschen, konnte er nicht umsetzen. Sein tapferes Heer, gezeichnet von vielen Entbehrungen, wollte nicht mehr wei-

Alexander der Große in der Schlacht gegen den Perserkönig Dareios (Ausschnitt aus einem Mosaik; 1831 gefunden in Pompeji/Italien)

termachen und Alexander war daher zur Aufgabe seines Zieles gezwungen. 323 starb er mit nur 32 Jahren in Susa im heutigen Iran.
Unter seinen Nachfolgern (griech. Diadochen) brachen blutige Kämpfe um das Erbe aus. Drei Familien konnten sich langfristig durchsetzen und teilten die Eroberungen unter sich auf.

## Hellenismus

Griechisch als Weltsprache und Weltkultur

Während der Herrschaft Alexanders und seiner Nachfolger setzten sich griechische Verwaltung, Kultur und Sprache in großen Teilen der damals bekannten Welt durch. Teilweise nahm die griechische Kultur auch einheimische Elemente auf, sodass es zu einer Vermischung verschiedener Kulturen kam. Da sich dabei vieles am griechischen Vorbild orientierte, nennt man diese Entwicklung »Hellenismus«. Zwischen dem 4. und dem 1. Jh. v. Chr. gab es viele Entwicklungen, ohne die auch moderne Wissenschaft und Technik kaum vorstellbar sind. Archimedes von Syrakus (282 – 212 v. Chr.) entwickelte wesentliche Grundlagen der Mathematik und der Physik. Nach seiner Methode führen wir heute noch Flächenberechnungen durch, bestimmen z. B. den Umfang und die Fläche eines Kreises. Auf Archimedes geht auch die Entdeckung des Schwerpunktes, das Hebelgesetz und die schiefe Ebene zurück. Eratosthenes von Kyrene im heutigen Lybien (um 250 v. Chr.) wiederum hat bereits damals den Erdumfang mit 41 800 km berechnet; er ging also von der Kugelgestalt der Erde aus.

# 3 Das römische Weltreich



## Vom Mythos zur Geschichte

Zur Zeit des klassischen Griechenlands (5. Jh. v. Chr.) kämpfte ein ziemlich unbedeutendes Städtchen am Unterlauf des mittelitalienischen Flusses Tiber gegen seine Nachbarn um seine Existenz. Der Name der Siedlung war Rom. Damals ahnte noch niemand, dass von dieser kleinen Stadt einmal fast die ganze damals bekannte Welt regiert und auch lange nach dem Untergang dieses Reichs die europäische Geschichte maßgeblich geprägt werden sollte.

Roms geschichtliche Anfänge liegen im Dunkeln, historische Funde lassen sich aber bis zum Jahr 1000 v. Chr. nachweisen. Das Herrschaftsgebiet Roms erstreckte sich im 4. Jh. v. Chr. bereits über Mittelitalien, um 270 v. Chr. war Rom schließlich die unumstrittene Herrin Italiens.

Mosaik in Rom aus heutiger Zeit. Die Buchstaben stehen für »Senatus Populusque Romanus« (= Senat und Volk von Rom) und weisen auf die Machtbefugnisse innerhalb der antiken römischen Republik hin.

Der Sage nach waren die Zwillinge Romulus und Remus die Stadtgründer, Söhne des Kriegsgottes Mars und gesäugt von einer Wölfin. Mit diesem Mythos versuchten die Römer, ihre Erfolge im Krieg zu erklären und ihre Stärke zu betonen. Historisch sicher ist, dass Rom zunächst von Königen regiert wurde. Um 500 v. Chr. wurden diese vertrieben und die römischen Adelsfamilien (Patrizier) teilten die Herrschaft unter sich auf. Die Plebejer, das nichtadlige Volk, erkämpften sich erst in den Ständekämpfen (450 bis 287 v. Chr.) die politische Mitsprache. Beide Gruppen lehnten jede Form der Alleinherrschaft ab. Alle Bürger sollten an den Entscheidungen des Staates mitwirken, Politik ging jeden an (res publica = öffentliche Sache; davon leitet sich der Begriff Republik ab).

## Rom auf dem Weg zur Weltmacht

Als die Römer die italische Halbinsel beherrschten, gerieten sie in Konflikt mit anderen Mächten. Die nordafrikanische Stadt Karthago, im heutigen Tunesien gelegen, war damals die vorherrschende Macht im westlichen Mittelmeerraum. 264 v. Chr. kam es zwischen rivalisierenden Stadtstaaten auf Sizilien zu Auseinandersetzungen, und sowohl Rom als auch Karthago wurden zu Hilfe gerufen. Weil beide Staaten fürchteten, die Machtstellung des jeweils anderen auf Sizilien könne für die eigene Existenz bedrohlich werden, entwickelte sich ein furchtbarer und wechselvoller Krieg, an dessen Ende Rom die karthagische Vormachtstellung beseitigt hatte.



Rom war damit die bestimmende Macht im Mittelmeerraum. Das bedeutete u. a. auch, dass Gesandtschaften aus aller Herren Länder im römischen Senat, einem »Rat der Alten«, der den Staates leitete, vorstellig wurden, um Hilfe und Schutz bei Streitigkeiten mit anderen Ländern zu erbitten. Häufig lehnte der Senat ein militärisches Eingreifen ab, wenn ein Engagement nicht lohnend oder zu ungewiss erschien. Immer dann jedoch, wenn ein lokaler Fürst so stark wurde, dass die Römer glaubten, er könne ihnen ihre Macht streitig machen, wies Rom diesen militärisch in die Schranken.
So entstanden immer mehr römische Provinzen, weil die Römer es nicht duldeten, dass eine weitere Großmacht neben ihnen existierte. Nach diesem Muster wurde 146 v. Chr. Griechenland römisch – die stolzen Stadtstaaten hatten ihre Souveränität verloren! Weitere wichtige Eroberungen waren 133 v. Chr. Spanien, im selben Jahr die gesamte kleinasiatische

Ausdehnung des Römischen Reichs

Küste, 51 v. Chr. das von Gaius Julius Caesar eroberte Gallien und schließlich 30 v. Chr. Ägypten, nachdem sich Kleopatra von Giftschlangen hatte töten lassen.



Seine größte Ausdehnung besaß das Römische Reich im Jahre 117 n. Chr. unter Kaiser Trajan. Es erstreckte sich von Gibraltar im Westen bis nach Babylon im heutigen Irak und von Nordafrika bis Schottland. Das heutige Deutschland war nur teilweise römisch. Der Limes, ein befestigter Grenzwall, dessen Überreste noch heute besichtigt werden können, bildete die Grenze zwischen Römern und Germanen.

»Die Sitten der Älteren« als Vorbild

Die Römer waren überzeugt, dass der Aufstieg Roms zum Weltreich insbesondere auf die Anspruchslosigkeit und Belastbarkeit ihrer Soldaten zurückzuführen sei. Der Sohn eines römischen Adligen kannte kein höheres Ziel, als die politische Karriere einzuschlagen und ebenfalls Ruhm für den Staat zu erlangen – so wie dies seine Vorfahren getan hatten. Daher galt die Tätigkeit eines Politikers oder eines Kriegers als ehrenhaft.

## Herrschaft und Verwaltung

Die Grundlage dafür, wie Rom regiert wurde, entwickelte sich im Laufe von mehreren Jahrhunderten. Zum Schutz vor Amtsmissbrauch hatten die Römer viele Sicherungen vorgesehen. Jedes Amt wurde nur für die Dauer eines Jahres bekleidet (Prinzip der Annuität) und mindestens doppelt besetzt (Prinzip der Kollegialität).
Der Senat bestimmte uneingeschränkt die Richtlinien der römischen Politik. Er setzte sich aus etwa 300 ehemaligen Beamten zusammen, die auf Lebenszeit ernannt wurden. Die Senatoren überwachten, wer für ein bestimmtes Amt kandidierte. Und die Karriere eines Beamten, der eine andere Politik betrieb als die des Senats, oder andere Gesetzesvorschläge als die vom Senat empfohlenen vor der Volksversammlung einbrachte, war nach spätestens einem Jahr unwiderruflich zu Ende. Zwei gewählte Konsuln führten die Regierungsgeschäfte. Jeder erwachsene männliche freie römische Bürger, der »civis«, war Mitglied der Volksversammlung, die die Gesetze verabschiedete und die Beamten wählte.

## Krise der Republik



Viele Jahre lang funktionierte dieses System nahezu reibungslos, bis 133 v. Chr. eine hundertjährige Krise begann, die in einen blutigen Bürgerkrieg mündete. Als einen Hauptgrund dafür sah man die immer größer werdende Zahl von Kriegen und damit verbunden den wachsenden Bedarf an Soldaten. Während die Oberschicht durch die erfolgreichen Kriegszüge immer reicher wurde, verarmten die Bauern, die als römische Legionäre ihren Dienst taten. Sie konnten durch die lang andauernden Kriege nicht mehr ihre Felder bewirtschaften; sie wurden zu landlosen Bettlern und Tagelöhnern. Vielfach nahm man auch Besitzlose ins Heer auf. Solche Soldaten aber, die nichts zu verlieren hatten, waren bereit, für ihren Feldherrn – so lange er ihnen ein Stück Land und die Zahlung eines festen Solds versprach – alles zu tun, notfalls sogar gegen ein anderes römisches Heer anzutreten.

Römische Legionäre überqueren eine Brücke. Der links abgebildete Gott soll auf den göttlichen Schutz hinweisen. Detail auf der Trajansäule in Rom (um 100 n. Chr.).

Das Heer wurde zum Spielball der Parteienkämpfe. Einhundert Jahre kämpften auf italischem Boden solche Truppen gegeneinander und verwüsteten das Land. Die Feldherrn versuchten, mithilfe ihrer Soldaten möglichst viel Macht zu gewinnen, wurden aber meist vom nächsten, noch mächtigeren Feldherrn bezwungen: Gaius Marius (156 – 86 v. Chr.), Lucius Sulla (138 – 78 v. Chr.), Gnaeus Pompeius (106 – 48 v. Chr.) und Gaius Julius Caesar (100 – 44 v. Chr.) brachten den Senat in ihre Abhängigkeit und verfolgten rücksichtslos ihre machtpolitischen Ziele. Julius Caesar hielt am Ende seines Lebens die Macht in Rom fest in seinen Händen. Als Gerüchte aufkamen, er wolle sich zum König ausrufen lassen, wurde er von einer Verschwörergruppe am 15. März 44 v. Chr. ermordet.

## Prinzipat und Kaiserzeit

Statue von Augustus

Nach Caesars Tod gelang es dem achtzehnjährigen Octavian, einem Großneffen Caesars, seine Gegner zu besiegen und ab 31 v. Chr. die Alleinherrschaft zu erringen. Mit ihm begann eine neue Phase in der römischen Geschichte. 27 v. Chr. wurde Oktavian der Ehrentitel »Augustus« (= der Erhabene) verliehen. Er nannte sich von da an Caesar Augustus. Mit ihm begann die römische Kaiserzeit. Die Bezeichnung »Kaiser« leitet sich von seinem ererbten Namen Caesar ab. Das Reich, das Augustus begründete, sollte noch weitere 500 Jahre Bestand haben.

Augustus kannte die Fehler derer, die bereits vor ihm versucht hatten, eine Alleinherrschaft zu errichten. Er beließ alle Einrichtungen der republikanischen Zeit wie den Senat, die Beamtenschaft und die Volksversammlung. Augustus bezeichnete sich als den »Ersten im Staat«, lateinisch princeps. Daher wird seine Herrschaft auch »Prinzipat« genannt. Das änderte nichts daran, dass alle wichtigen Entscheidungen von ihm getroffen wurden. Bis auf wenige Jahre herrschte während seiner Regierungszeit Frieden im Römischen Reich. Augustus ließ in Rom Prachtbauten wie Paläste, Basiliken, Thermen, Theater sowie Tempel errichten und machte es zu der Metropole, als die es bereits die antike Welt bewunderte.

## Romanisierung

Römisches Gedankengut verbreitet sich im ganzen Reich

Die Sicherung der Grenzen übernahm ein Berufsheer, das durch den Bau von Militäranlagen an der Grenze und Provinzstädten viel dazu beitrug, dass römische Kultur in alle Teile des Reichs gelangte. Die Bewohner in den Provinzen erkannten vielerorts die Vorteile der römischen Herrschaft und des römischen Friedens. Sie erhielten das römische Bürgerrecht und schätzten die Vorteile des römischen Rechtssystems und die damit verbundene Rechtssicherheit.

Latein galt als Verkehrssprache, die überall im Reich verstanden wurde. Diesen Prozess der Übernahme römischer Lebensweisen nennt man »Romanisierung«. Eine Folge davon ist beispielsweise die Entwicklung der romanischen Sprachen wie Italienisch, Spanisch oder Französisch. Durch die Romanisierung wurde auch die griechische Kunst und Kultur verbreitet, die die Römer übernommen hatten, als Griechenland Teil des Römischen Reichs wurde.

# Das Mittelalter
## (ca. 500 – 1500)

Mit der Absetzung des letzten Kaisers des Weströmischen Reichs im Jahr 476 n. Chr. lassen manche Historiker die Antike enden. Und ebenso beginnt mit dem Jahr 1492, als Christoph Kolumbus einen neuen Kontinent entdeckte, der später »Amerika« genannt wurde, für viele die Neuzeit, die bis zum heutigen Tag andauert. Für die rund tausend Jahre, die zwischen diesen Ereignissen liegen, benutzen wir heute allgemein die Bezeichnung »Mittelalter«.



## 1 Das Ende des Römischen Reichs

### Niedergang des Römischen Reichs

Nach der langen Friedenszeit unter Augustus und dessen Nachfolgern kehrte am Ende des 2. Jh. der Krieg wieder zurück. Überfälle der benachbarten Völker, allen voran der Germanen, die durch den von Rom errichteten Grenzwall, den Limes, nicht mehr aufgehalten werden konnten, schwächten das römische Weltreich. 260 n. Chr. schlugen die Perser den römischen Kaiser Valerian. In rascher Folge lösten sich Feldherren, die von ihren Soldaten zum Kaiser erhoben wurden, ab. Oft gab es mehrere Kaiser gleichzeitig. Aus der Reihe dieser Regenten ragte Konstantin der Große (306 – 337) hervor. Er konnte sich gegen seine Rivalen durchsetzen und ließ anstelle der alten Griechenstadt Byzanz eine neue Hauptstadt bauen – Konstantinopel. Die Stadt sollte Rom an Pracht und Bedeutung übertreffen, eine rege Bautätigkeit sorgte dafür. Für mehr als tausend Jahre blieb sie die glanzvolle Hauptstadt des Römischen, später des Oströmischen Reichs.

### Das Christentum wird Staatsreligion

Mit Konstantin kam auch die Wende für die Christen, die bis dahin unter vielen Verfolgungen zu leiden hatten, weil sie nicht bereit waren, den Kaiser als Gott anzusehen und den Göttern zu opfern. Nach einem siegreichen Kampf 312 n. Chr. gegen seinen Rivalen setzte Konstantin als Dank dafür ein Toleranzedikt durch, das die Ausübung aller Religionen im Reich erlaubte. Besonders die Christen bekamen die Gunst des Kaisers zu spüren. Er war vor der Entscheidungsschlacht im Traum ermahnt worden, auf den Schilden und Fahnen seiner Soldaten mit dem Christuszeichen in die Schlacht zu

ziehen. Konstantin selbst soll aber erst auf dem Sterbebett Christ geworden sein. Die Nachfolger Konstantins hielten sich an seinen Erlass. 391 n. Chr. verkündete Kaiser Theodosius, dass das Christentum Staatsreligion und alle anderen Religionen verboten seien. So wurde aus der verfolgten Kirche eine andere Religionen verfolgende.
Nach Konstantins Tod herrschten wieder mehrere Kaiser nebeneinander. 395 teilte Kaiser Theodosius das Reich endgültig in ein West- und Oströmisches Reich auf.





## Die Völkerwanderung

Eine weitere Gefahr drohte dem Römischen Reich aus dem Osten. Als um 375 das Reitervolk der Hunnen aus Zentralasien nach Osteuropa einbrach, war dieser Einmarsch einer der Hauptgründe für die nachfolgende große Wanderbewegung. Viele Stämme und Völker in Mitteleuropa verließen im 4. und 5. Jh. ihre Siedlungsräume und drangen in das Römische Reich ein. Mit der Absetzung von Kaiser Romulus Augustulus durch den Germanen Odoaker 476 und der Errichtung verschiedener Germanenreiche hörte das Weströmische Reich zu existieren auf. Das Oströmische Reich mit seiner Hauptstadt Konstantinopel (später Byzanz) bestand aber weiterhin.

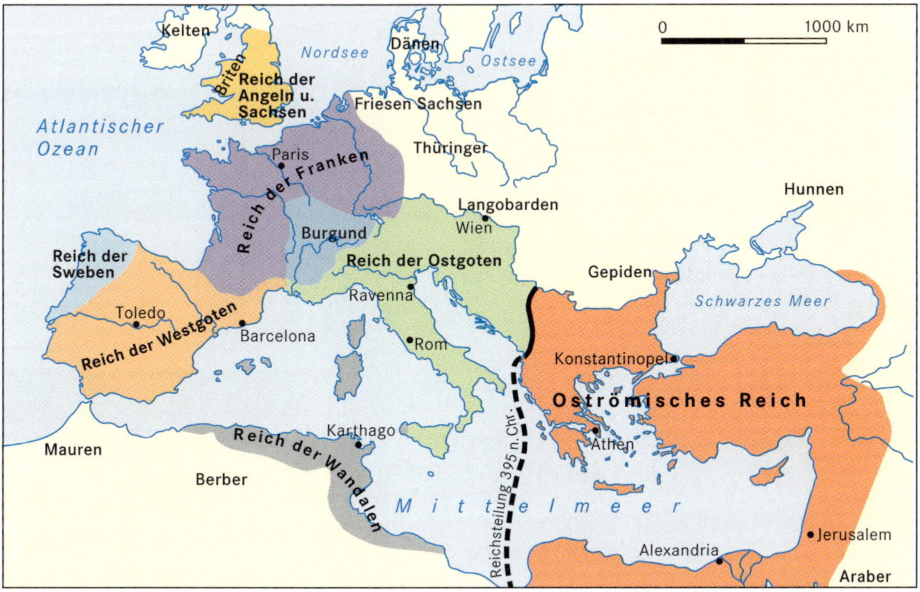


Germanische Nachfolgereiche auf dem Boden des ehemaligen Weströmischen Reichs (um 500 n. Chr.)

## Geschichte im Überblick: Religionsgeschichtliche Entwicklung in Europa seit Christi Geburt

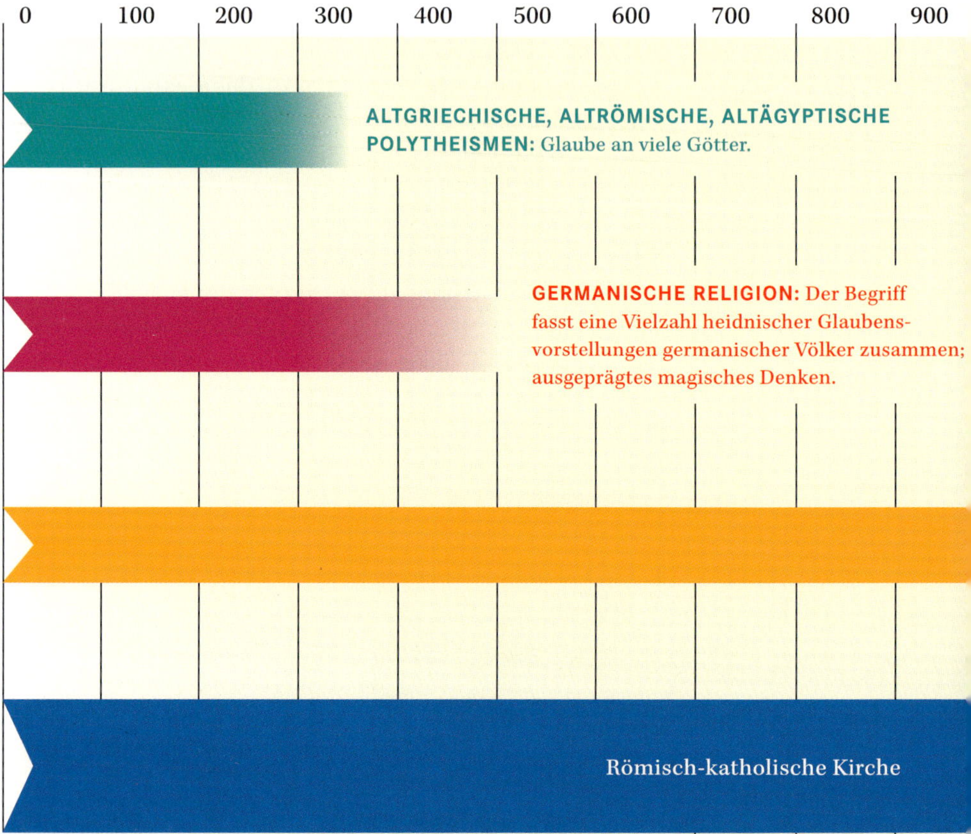


**CHRISTENTUM:** Monotheistische, aus dem Judentum hervorgegangene Religion, als deren Kern die bedingungslose Liebe und Barmherzigkeit Gottes zu allen Menschen gilt. Daher ist Gott in Jesus Christus selbst Mensch geworden und hat mit dem Tod Jesu die Sünden der Menschen auf sich genommen und sie auf diese Weise erlöst. Historisch sind für das Christentum zahlreiche Spaltungen kennzeichnend. Das römisch-katholische Christentum und die griechisch-orthodoxe Kirche trennten sich nach langen Streitigkeiten 1054, indem sie sich gegenseitig exkommunizierten. Die von Martin Luther 1517 eingeleitete Reformation führte zur Abspaltung der Protestanten von den Katholiken. Wichtige evangelische Konfessionen bildeten u. a. die Anhänger Luthers und Jean Calvins (Reformierte).

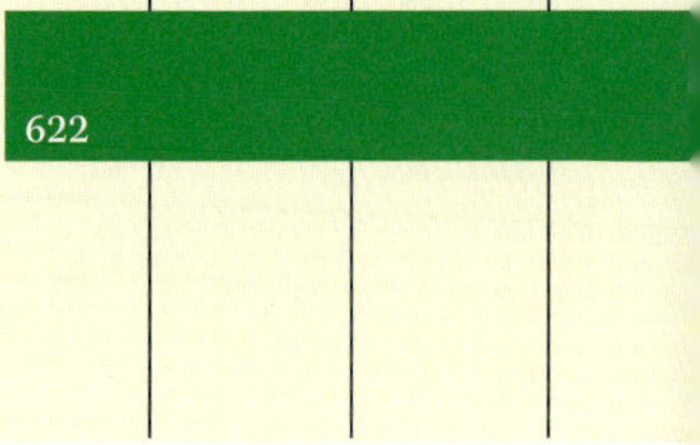

1000 | 1100 | 1200 | 1300 | 1400 | 1500 | 1600 | 1800 | 1900 | 2000

**JUDENTUM:** Älteste der großen monotheistischen Religionen; Grundlagen des jüdischen Glaubens und des religiösen wie weltlichen Lebens sind die Thora (die fünf Bücher Mose) und der Talmud; die historischen Wurzeln des Judentums reichen bis ins 3. Jahrtausend vor Christus zurück.

Protestantismus (seit 1517)

1054
Griechische Orthodoxie

**ISLAM:** Anfang des 7. Jh. von Mohammed auf der Grundlage von Juden- und Christentum gegründete monotheistische Religion; mit der Auswanderung Mohammeds nach Medina (622) beginnt die islamische Zeitrechnung; die Glaubenslehren sind im Koran festgehalten; rasche Expansion im Mittelmeerraum und im Orient im 7. und 8. Jh..

## 2 Politische Herrschaft



### Das Frankenreich

In West- bzw. Mitteleuropa bildeten sich fünf große Stämme heraus: die Sachsen, Franken, Thüringer, Alemannen und Baiern. Von ihnen waren die Franken unter König Chlodwig I. (482 – 511) die mächtigsten. Chlodwig, einem energischen und skrupellosen Herrscher, gelang es, verschiedene Gebiete von fränkischen Kleinkönigen zu vereinen. Gegen Ende des 5. Jh. trat Chlodwig zum Christentum über und verordnete seinem Volk, dasselbe zu tun. Während der König der Kirche Schutz bot, garantierten die Geistlichen den königlichen Herrschaftsanspruch als gottgewollt. So entwickelte sich erstmals zwischen König und Kirche ein Abhängigkeitsverhältnis.
Aber nur weil der König aus Machtmotiven heraus christlich geworden war, hatte sich der christliche Glaube noch lange nicht beim Volk durchgesetzt. Erst Missionare wie der Angelsachse Bonifatius, der Mitte des 8. Jh. im Frankenreich das Christentum verkündete und die Kirche reformierte, sorgten für die Verbreitung der christlichen Lehre auch in der Bevölkerung.

### Vom Königsheil zum Gottesgnadentum

Unter Chlodwigs Nachfolgern verloren die Könige mehr und mehr Macht an ihre obersten Hofbeamten, die Hausmeier. Einer von ihnen, Pippin aus dem Geschlecht der Karolinger, setzte 751 König Childerich III. ab und ließ sich selbst zum König krönen. Da ihm aber das nach fränkischer Sitte magische Königsheil fehlte, suchte er ein Bündnis mit dem Papst. Pippin bat nun den Kirchenmann, ihn zum König zu salben und durch diese religiöse Zeremonie seine Herrschaft als gottgewollt zu legitimieren.
Diese Vorstellung der Einsetzung eines Herrschers durch Gott selbst nennt man »Gottesgnadentum«. Damit begründeten seit Pippin die Könige bis weit in die Neuzeit hinein ihren Herrschaftsanspruch. Im Gegenzug für ihre Salbung als Könige des Fränkischen Reichs versprachen Pippin und seine Nachfolger, den christlichen Glauben im Reich weiter zu verbreiten und den Papst bei Konflikten und Gefahren zu unterstützen.

## Karl der Große

Pippins Sohn, Karl der Große (768/800–814), dehnte das Frankenreich im Osten bis an die Elbe und in das heutige Österreich und im Süden bis nach Mittelitalien und Nordspanien aus. Die Völker, die er unterwarf, bekehrte er – oft gewaltsam – zum Christentum. Vor allem die Sachsen bekamen Karls ganze Härte zu spüren. Mehrfach führte Karl Krieg gegen sie. Um sie zu unterwerfen, scheute er auch nicht vor Massenhinrichtungen gefangener Sachsen und Zwangsumsiedlungen zurück.

Krönung Karls des Großen

Nachdem Karl dem Papst zu Hilfe geeilt war, um dessen Feinde zu besiegen, krönte Papst Leo III. ihn am Weihnachtstag des Jahres 800 in Rom zum Kaiser. Karl der Große verstand sich von nun als Schutzherr der gesamten Christenheit. Mit dem Kaisertitel machte er deutlich, dass der fränkische König jetzt auf einer Stufe mit den mächtigen römischen Kaisern der Antike stand und deshalb diesen erhabenen Titel tragen durfte. Von nun an bemühte sich jeder König des Fränkischen Reichs, vom Papst zum Kaiser gekrönt zu werden.



### Reisekönigtum

Das Frankenreich reichte um 800 etwa von der Nordsee bis zum Mittelmeer und vom Atlantik bis zur Elbe. Um ein so großes Reich zu verwalten, regierten die Könige nicht von einer festen Hauptstadt aus, sondern »aus dem Sattel«, d. h. sie reisten mit einem Tross von Verbündeten und Helfern durch das Land, um Recht zu sprechen und Gesetze zu erlassen. Unterwegs wohnten sie mit ihrem Gefolge in Königshöfen, sogenannten Pfalzen, oder Klöstern. Die Lieblingspfalz Karls des Großen war Aachen, das auch wegen seiner prächtigen mit Marmor ausgestatten achteckigen Pfalzkapelle den Beinamen »zweites Rom« erhielt.

Als Helfer standen dem König die Angehörigen der grundbesitzenden Adelsfamilien zur Seite: Herzöge, Grafen, aber auch Bischöfe und Äbte, die in ihren Machtbereichen während der Abwesenheit des Königs für Recht und Ordnung sorgten.

## Das Lehnswesen

Um sich der Treue seiner Gefolgsleute zu versichern, versprach der König ihnen Schutz und verlieh ihnen Land und die darauf lebenden Leute, aber auch Aufgaben, Ämter und Vorrechte. Dafür mussten sie dem König in Friedenszeiten mit Rat und im Krieg mit Tat, d. h. mit ausgerüsteten Kämpfern zur Seite stehen. Dieses Prinzip des gegenseitigen Gebens und Nehmens, das die gesamte mittelalterliche Gesellschaft durchzog, wird als Lehnswesen (abgeleitet von »leihen«) oder »Feudalismus« (lat. feudum = Lehen) bezeichnet (s. S. 56). Der Geber fungiert dabei als Lehnsherr, der Nehmer als Gefolgsmann oder Vasall. Beide waren sich zu gegenseitiger Treue verpflichtet. Jeder Vasall konnte das ihm überlassene Lehen auch an einen weiteren Vasallen, den Untervasallen, verleihen. Indem auch Untervasallen ihre Lehen weiter verliehen, entstand eine »Lehnspyramide« mit dem König als obersten Lehnsherrn, den von ihm beliehenen Kronvasallen und verschiedenen Untervasallen. Auf der untersten Stufe der Gesellschaft standen die nicht lehnsfähigen Bauern, auch Grundhörige genannt. So entstand ein komplexes Netz aus Beziehungen, das die Menschen des Mittelalters miteinander in »Treu und Glauben« verband. Historiker sprechen daher auch von einem Personenverbandsstaat.

Personenverbandsstaat

Die Ottonen

Nach dem Tod Karls des Großen 814 wurde das Reich unter seinen Nachfolgern aufgeteilt (s.u.). Aus dem dabei entstandenen Westfränkischen Reich erwuchs im Laufe der Geschichte Frankreich, aus dem Ostfränkischen Reich das spätere Deutschland. Als das Königsgeschlecht der Karolinger ausstarb, wählten die ostfränkischen Adligen Herzog Heinrich von Sachsen zum König. Seinem Sohn Otto I. (936 – 973) gelang es mithilfe ihm treu ergebener Bischöfe, sich gegen die

Karolingische Reichsteilungen

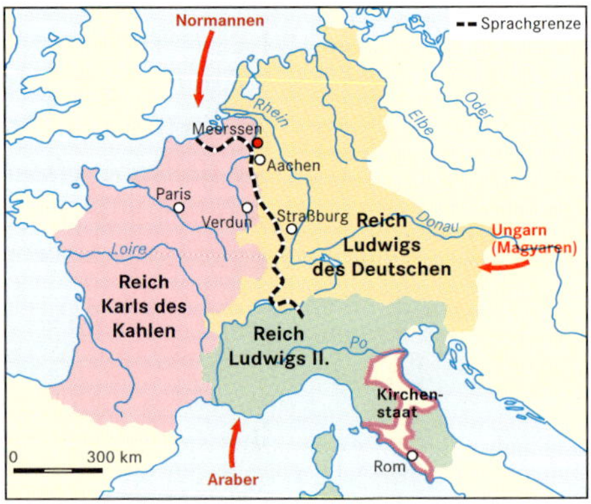

rivalisierenden Herzöge durchzusetzen. Nachdem er als Heerführer aller christlichen Herzöge 955 die heidnischen Ungarn aus Mitteleuropa vertrieben hatte, kam ihm als Schutzherr der Christenheit wie Karl dem Großen eine Vormachtstellung zu, die der Kaiserkrone würdig war. So reiste auch Otto 962 nach Rom, wo er zum Kaiser gekrönt wurde.





### Das Heilige Römische Reich

Otto und seine Nachfolger verschafften dem Ostfränkischen Reich eine lange Herrschaft, die fast 1000 Jahre, endgültig ab dem 15. Jh. unter dem Namen »Heiliges Römisches Reich Deutscher Nation«, bis 1806 bestehen bleiben sollte.

Reichsinsignien

Um seine göttliche Auserwähltheit und Macht zu präsentieren, erhielt der König Herrschaftszeichen, die Reichsinsignien: Die Reichskrone zeigt den König als rechtmäßigen Nachfolger der biblischen Könige und vor allem Jesu; die heilige Lanze stellt ihn als Anführer der Christenheit gegen Feinde dar; der Mantel verweist auf die Rolle eines Beschützer aller Christen und der Reichsapfel auf seine Funktion als oberster Gerichtsherr.

### Konflikte im Reich

Der Investiturstreit: König gegen den Papst

Fast während des gesamten Mittelalters gab es zwei Hauptkonflikte: Zum einen stritten sich der König des Heiligen Römischen Reichs und der Papst darum, wer das eigentliche Haupt der Christenheit sei. Dieser Machtkampf zwischen König und Papst entzündete sich schließlich im Investiturstreit (Investitur = Einführung), in dem es nur nach außen hin um die Frage ging, wer von ihnen die Bischöfe in ihr Amt einführen durfte.

Papst Gregor VII. machte 1075 deutlich, dass der Papst einzigartig auf der Welt sei und nur er als Haupt der Kirche, das »niemals im Irrtum verfallen ist«, kirchliche Streitfragen entscheiden könne. Doch der König wollte ein Mitspracherecht, vor allem deswegen, weil die Bischöfe im Reich nicht nur Geistliche und Seelsorger, sondern auch mächtige Landesfürsten waren und damit politische Macht besaßen.

Der Machtkampf weitete sich aus, als die Fürsten im Reich Heinrich IV. die Treue versagten, nachdem er vom Papst mit dem Kirchenbann belegt worden war. Sie drohten, von ihm abzufallen, wenn er nicht Buße tue. So musste der König im Winter 1077 vor der Burg im oberitalienischen Canossa den

dort weilenden Papst im Büßergewand um Vergebung bitten. Seitdem wird das Wort vom Canossa-Gang immer wieder verwendet, wenn sich jemand unterwerfen muss.
Nach langem Ringen wurde 1122 im Wormser Konkordat der Investiturstreit beigelegt und festgesetzt, dass die Kirche dem Bischof durch die Weihe die geistliche Gewalt verlieh, der König durch die Belehnung mit Gütern dagegen die weltlichen Herrschaftsrechte. Ab diesem Zeitpunkt waren Kirche und Staat erstmals formal getrennt.



Das Verhältnis zwischen König und Fürsten

Ein zweiter ständiger Konflikt, vor allem ab dem 11./12. Jh., war der zwischen dem König und den Herzögen und Grafen, die innerhalb des Reichs als Landesfürsten ihr Gebiet verwalteten und keine Einmischung des Königs zulassen wollten. Den Landesfürsten war es im Laufe der Zeit gelungen, ihre Herrschaftsgebiete (lat. territorium) durch Verträge, Heirat oder Kriege, oft auch durch Umwandlung eines Lehens in vererbbaren Familienbesitz, immer weiter auszudehnen.
Die mächtigsten dieser Herzöge und Fürsten, die Kurfürsten (mittelhochdeutsch kur = Wahl), ließen sich 1356 in der »Goldenen Bulle«, einer Urkunde mit goldenem Siegel, schriftlich bestätigen, dass sie allein das Recht hatten, den König zu wählen und bei der Regierung mitzuentscheiden.

## 3 Lebenswelten im Mittelalter

Ständeordnung

Im Mittelalter war der Gedanke, dass alle Menschen von Natur aus frei und gleich sind, unbekannt. Man war vielmehr überzeugt, Gott selbst habe die Menschen in drei Gruppen eingeteilt:
- Den ersten Stand bildeten die Geistlichen wie Bischöfe, Äbte oder Priester, die man als »Klerus« bezeichnete und deren Aufgabe es war, stellvertretend für alle Menschen durch Beten für das Seelenheil zu sorgen.
- Zum zweiten Stand gehörten die grundbesitzenden Adligen – Herzöge, Grafen und Ritter. Ihre Aufgabe war es, wiederum stellvertretend für alle, für Schutz und Ordnung zu sorgen und notfalls dafür zu kämpfen.

- Die über 90 % der Bevölkerung umfassende und damit weitaus größte Gruppe waren die Bauern, die als dritter Stand die tägliche, für den Lebensunterhalt notwendigen Arbeiten zu leisten hatten.

Allein die Geburt und nicht das Können bestimmte, zu welchem Stand man gehörte.

## Leben auf dem Dorf

### Die Grundherrschaft

Die meisten Bauern lebten in dörflichen Siedlungen auf dem Land. Ihr Alltag war von harter Arbeit gekennzeichnet, sie erwirtschafteten kaum mehr als das Allernotwendigste zum Leben. Erst allmählich führten Neuerungen, wie die Erfindung des Räderpfluges oder die Einführung der Dreifelderwirtschaft, zu Verbesserungen des Lebensalltags.
Während es um 800 noch viele freie Bauern gab, lebten ca. 200 Jahre später die meisten Bauern als Grundhörige in der Abhängigkeit eines Grundherrn, z. B. eines Adligen oder Abtes, der sie schützte und ihnen Grund und Boden zur Bewirtschaftung gegen Abgaben überließ. Zudem mussten sie auf dem Gut des Grundherrn Frondienste leisten und waren an das Land, das sie bewirtschafteten, gebunden. Die Bauern durften nicht ihren Herrn wechseln oder wegziehen. Konnten sie ihren Verpflichtungen nicht nachkommen, mussten sie als Leibeigene auf dem Hof des Grundherrn bleiben. Im Laufe des Mittelalters änderte sich die Form dieser Abhängigkeit zwar immer wieder, aber das Prinzip der Grundherrschaft bestimmte Leben und Arbeiten der Bauern bis ins 19. Jh.

## Leben im Kloster

Seit Karl dem Großen, der die Bildung und die Kultur in seinem riesigen Reich gefördert hatte, waren die Klöster zu wichtigen Bildungseinrichtungen geworden. Durch das Abschreiben wichtiger religiöser und antiker Texte sicherten die Klöster die Verbreitung von Wissenschaft, Bildung und Kunst. In den Klosterschulen wurden viele große Denker des Mittelalters wie Thomas von Aquin oder Hildegard von Bingen ausgebildet.
Abgeschlossen von der Außenwelt mit eigenen Regeln – die Mönche und Nonnen gelobten, ein Leben in Armut, Gehorsam und Keuschheit zu führen – lebten, wirtschafteten und beteten Mönche und Nonnen nach dem Grundsatz »ora et labora«

(= bete und arbeite), den Benedikt von Nursia, der Begründer des abendländischen Klosterwesens, im 6. Jh. aufgestellt hat.

## Leben auf der Burg

Der grundbesitzende Adel, der zunächst in Herrenhöfen lebte, begann ab dem späten 11. Jh., seinen Wohnsitz auf von Natur aus schwer zugängliche Plätze zu verlegen, und ließ dort Burgen errichten. Die Burg war Wohnsitz und Verteidigungsanlage zugleich. In Friedenszeiten tummelten sich innerhalb der Mauern zahlreiche Menschen: Knechte, Mägde, Händler, Handwerker und Besucher. Die Adligen setzten oft unfreie Dienstmannen als Burgherren ein, die in Friedenszeiten den Landbesitz mitsamt den Bauern verwalteten und in Kriegszeiten gut ausgerüstet für ihre Herren kämpfen mussten.



Ab dem 11. Jh. nannten sie sich Ritter und bildeten einen eigenen Stand mit ritterlichen Idealen und Vorschriften, zu denen u. a. gehörte, die Schwachen zu beschützen und die Christenheit zu verteidigen. Im Laufe der Zeit wandelte sich aber das Bild: Viele Ritter verwüsteten als Raubritter Dörfer und Klöster. Ab dem 14. Jh. verlor der Ritterstand aufgrund veränderter Kriegstechnik an Bedeutung.

## Leben in der Stadt

Als das Römische Reich zerbrach, verfielen viele Städte. Bis zur Jahrtausendwende lebte der Großteil der Menschen in verstreuten Siedlungen und kleinen Dörfern. Erst ab dem 11. Jh. entstanden vermehrt Städte. Zum einen wuchsen kleinere Dörfer zu stadtähnlichen Siedlungen heran und zum anderen wurden viele neue Städte gegründet. Dieser Städteboom hielt bis ins 13. Jh. an. Grund dafür war u. a. ein stetes Bevölkerungswachstum. Mit verbesserten Geräten und Anbaumethoden konnten die Bauern größere Ernten einfahren und damit auch mehr Menschen ernähren. Dank der verbesserten Methoden mussten sich nicht alle Bauern ausschließlich um die landwirtschaftliche Produktion kümmern, sondern viele von ihnen konnten sich stärker auf handwerkliche Aktivitäten konzentrieren. Viele Landbewohner zogen in die neu entstehenden Städte, wo sie als Handwerker oder Händler ihr Einkommen fanden.

Die neuen Siedlungen brachten Vorteile für alle: Die zumeist adligen Stadtgründer verliehen bestimmte Privilegien wie das Markt- und das Münzrecht. So sollten Kaufleute, Handwerker und andere Gewerbetreibende angelockt werden, was wiederum höhere Steuereinnahmen und darüber hinaus ein größeres Ansehen versprachen. Händler und Kaufleute hofften durch die schützenden Mauern und die Zollfreiheit auf sichere und erträgliche Geschäfte.



Die Stadtbürger

Entscheidend war, dass die Menschen in der Stadt freier waren und sich eine ganz neue Gesellschaftsschicht entwickelte: die Bürger. Auch leibeigene Bauern konnten sich in der Stadt ansiedeln, wenn sie ihrem Grundherrn entkommen waren. Wer »ein Jahr und einen Tag« in der Stadt gelebt hatte, galt als freier Bürger. Das hieß aber noch nicht, dass er auch das Bürgerrecht besaß, denn dieses war ein Privileg, das an bestimmte Berufe und an ein bestimmtes Vermögen gebunden war: Tagelöhner, Knechte, Mägde und Lehrlinge waren beispielsweise davon ausgeschlossen – und auch Frauen. Die Mitglieder der einflussreichen Oberschicht der Stadt wurden nach römischem Vorbild »Patrizier« genannt. Zu ihnen gehörten Adlige, Großgrundbesitzer und Fernhandelskaufleute. Sie entmachteten oft den Stadtgründer und übernahmen im Stadtrat selbst die Regierung.

Blick auf den mittelalterlichen Stadtkern von Nördlingen

Zünfte und Gilden

Zunftzeichen

Die Städte entwickelten sich zu Zentren des Handwerks und des Handels. Um ihre Interessen als Handwerker besser durchsetzen zu können, schlossen sich Handwerker des gleichen Berufszweiges zu Vereinigungen zusammen, die man Zünfte nannte. Die Handwerker einer Zunft wohnten nahe beieinander und gaben so den Gassen, Märkten und Brücken oft ihre Namen. In den meisten Städten herrschte Zunftzwang, d. h. man durfte ein Handwerk nur mit ausdrücklicher Genehmigung der Zunft ausüben. Die Zünfte legten die Anzahl der Betriebe fest und schützten sich so vor unliebsamer Konkurrenz. Zugleich aber kümmerten sie sich um Mitglieder und deren Familien, wenn diese sich in einer Notlage befanden. Ab dem 14. Jh. erkämpften sich die Zunftmitglieder ihre Teilnahme an der Stadtherrschaft (s. S. 66).
Neben den Handwerkern waren die Händler maßgeblich für die Entwicklung der Städte verantwortlich. Da sie meist lange und gefährliche Fernreisen unternehmen mussten, schlossen sie sich in Gilden zusammen. Oft bildeten auch mehrere Städte mächtige Handelsgesellschaften. Zu den bedeutendsten Städtebünden nördlich der Alpen, an die 150 Mitglieder zählend, gehörte die Hanse mit ihrem Zentrum in Lübeck.

Medici – »moderne« Kaufleute

Im 12. und 13. Jh. waren vor allem in den großen Städten Norditaliens wie Venedig, Genua oder Florenz viele Kaufleute sehr reich geworden und übten ihren Einfluss auch auf die Politik aus. Nicht mehr ein von den Bürgern gebildeter Stadtrat, sondern einzelne einflussreiche Familien begannen, die Stadt zu regieren. In Florenz kontrollierte die Kaufmannsfamilie der Medici über mehrere Jahrhunderte das gesamte wirtschaftliche und politische Leben. Dabei wandelte sich auch das Bild des Kaufmanns. Er wollte in kurzer Zeit möglichst viel Gewinn erzielen, war risikobereit und hatte eine straffe Geschäftsorganisation. Die Mitnahme größerer Geldmengen auf Reisen war gefährlich, so entwickelte sich ein bargeldloser Zahlungsverkehr durch Kredit oder Wechsel (ital. giro = Umlauf). Ein Schuldner unterschrieb an einem Wechseltisch (ital. banca) eine Verpflichtung über die Rückzahlung einer gewährten Summe an einem anderen Ort oder in einer anderen Währung. Geldwechsler waren hoch angesehene Leute, die diesen bargeldlosen Zahlungsverkehr regelten und Kredite vergaben. Diese neue Wirtschaftsform einzelner Unternehmerfamilien oder Handelsgesellschaften nennt man auch »Frühkapitalismus« (s. S. 66).

Frühkapitalismus

Die Fugger in Augsburg

Eine der weltweit einflussreichsten Handelsniederlassungen jener Zeit war im Besitz der Familie Fugger aus Augsburg. Sie handelten anfangs mit Stoffen und Gewürzen und entwickelten im Laufe der Zeit Handelsbeziehungen bis nach Italien, Schweden und Russland. Sie stiegen in das Bergbaugeschäft ein, wo sie eine Monopolstellung inne hielten und deshalb keine Konkurrenz fürchten mussten. Sie setzen aber auch auf das gewinnbringende Geschäft der Kreditvergabe. Jakob Fugger (1459 – 1525), genannt der »Reiche«, beeinflusste mit seinem Geldverleih maßgeblich die Politik. So gewährte er dem späteren Kaiser Karl V. eine hohe Kreditsumme, damit dieser die Kurfürsten zu seinen Gunsten bei der Wahl bestechen konnte.



## 4 Begegnung mit dem Fremden

### Juden im Mittelalter

Zwischen Ausgrenzung und Miteinander

Seit der Zerstörung Jerusalems durch die Römer und der anschließenden Vertreibung der Juden aus Palästina im 2. Jh. n. Chr. gab es in Europa, vor allem in Spanien und im französischen Raum, größere jüdische Gemeinden. Durch die Christianisierung des Römischen Reichs wurden Juden zu einer religiösen Minderheit. Sie waren seit dem frühen Mittelalter auf dem Gebiet des späteren Heiligen Römischen Reichs in vielen Berufen tätig. Sowohl ihre Sprachkenntnisse als auch ihr großes Wissen und ihre weitreichenden Handelsbeziehungen wurden geschätzt. Kaiser und Könige stellten viele Juden und deren Familien unter ihren Schutz. Die Andersartigkeit ihrer religiösen Vorschriften und Gebräuche, an die sie sich hielten, erregten stets Misstrauen. Der Mittelpunkt ihres Glaubenslebens war das Bethaus, die Synagoge. Die Einhaltung der jüdischen Speisegebote und die Heiligung des Sabbats (Samstag) anstatt des Sonntags unterschieden sie im Alltag von den christlichen Mitbürgern. Trotz der Un-

Jude vor einem Richter (aus dem »Sachsenspiegel«, 13. Jh.)

terschiede funktionierte bis ins späte 11. Jh. das Neben- und Miteinander zwischen Juden und Christen weitgehend ungestört.

Mit dem ersten Kreuzzug 1096 (s. S. 40) änderte sich jedoch das Verhältnis. Man beschuldigte die Juden, die Mörder Christi zu sein. Es kam zu Plünderungen von deren Häuser, zu brutalen Übergriffen und unkontrollierten Massenverfolgungen (Pogrome); die königlichen Schutzbriefe erwiesen sich als nutzlos. Seit 1215 mussten männliche Juden in der Öffentlichkeit einen spitz zulaufenden Hut und ein gelbes Abzeichen auf ihrer Kleidung tragen. Weder Waffenbesitz noch Landbesitz war ihnen gestattet. In vielen Ländern wurden Juden auch aus den handwerklichen Berufen verdrängt. Dadurch beschränkte sich ihre berufliche Tätigkeit auf Fernhandel und Geldverleih, was wiederum den Vorwurf des Wuchers nach sich zog.
Mit dem Vordringen der Pest Mitte des 14. Jh. (s. S. 42) kam es zu einer neuen Welle von Judenverfolgungen. Man gab den Juden die Schuld an der Seuche. In vielen europäischen Städten mussten sie in speziellen Wohnvierteln (Gettos) oder bestimmten Gassen (Judengassen) wohnen oder wurden zur Auswanderung gezwungen. Mit Duldung der Schutzherren zahlten viele christliche Gläubiger ihr geliehenes Geld nicht zurück. Einige Landesherren kündigten den Judenschutz. Der Verlust der wirtschaftlichen und rechtlichen Sicherheiten führte dazu, dass viele Juden sich eine neue Heimat in Böhmen, Polen und im übrigen Osteuropa suchten, wo sie sich ohne Einschränkungen betätigen konnten.



## Der Islam dringt nach Europa vor

### Al-Andalus

Spätestens im 8. Jh. wurde Europa das Vorhandensein einer weiteren politischen, religiösen und kulturellen Macht bewusst. Die Expansion des Islam bzw. der muslimischen Heere ließ sich kaum aufhalten. Bis 711 waren die Muslime bis nach Spanien vorgedrungen und hatten binnen kurzem die Iberische Halbinsel eingenommen. Die Eroberer nannten das neue Land Al-Andalus und brachten zahlreiche Neuerungen mit. Die islamische Welt war der europäischen Kultur weit überlegen, vor allem in der Medizin, aber auch in der Mathematik und anderen Wissenschaften. Juden und Christen gegenüber waren die Muslime als Angehörige einer Buchreligion tolerant, forderten keine religiöse Bekehrung, sondern lediglich die Abgabe von Sondersteuern. Wachsende Intoleranz unter den neuen islamischen Herrschern und der Beginn der Kreuzzugsbewegung (s. u.) beendete das friedliche Miteinander. Es begann die Zeit der allmählichen christlichen Rückeroberung des Landes von den Muslimen. In einer gewaltigen Schlacht in Südspanien 1212 siegten die christlichen Heere über die Muslime, lediglich das Königreich von Granada hielt sich noch bis 1492.

Mesquita in Cordoba. Die Kathedrale von Cordoba wurde im 16. Jh. mitten in eine Moschee gebaut.

Die Begegnung mit der neuen Religion und politischen Macht führte aber auch dazu, dass sich die Menschen in Europa stärker als Gemeinschaft begriffen. Als 732 ein Heer unter Führung des fränkischen Hausmeiers Karl Martell ein über die Pyrenäen ins Frankenreich vorgedrungenes arabisches Heer besiegte, bezeichnete ein Chronist die Abwehrgemeinschaft erstmals als »europenses«, als Europäer. Immer wieder, wenn Gefahr von außen auf Europa einwirkte, trat dieses Zusammengehörigkeitsgefühl hervor.

## Die Kreuzzüge

Mit der Ausbreitung des Islam waren auch die Heiligen Stätten unter islamische Herrschaft geraten. Das türkische Reitervolk der Seldschuken hatte nicht nur Jerusalem eingenommen, sondern auch ständig neue Gebiete hinzugewonnen. Der byzantinische Kaiser fürchtete weitere Gebietsverluste durch die anrückenden Seldschuken und bat die christlichen Länder Europas um Hilfe. Papst Urban II. schloss sich dem Hilferuf des byzantinischen Kaiser an. Am Ende einer Kirchenversammlung 1095 rief der Papst die Christen zur Befreiung Jerusalems und der heiligen Stätten auf. Unter dem vom Urban II. ausgegebenen Motto »Deus lo volt!« (Gott will es!) schlossen sich über 100 000 Männer und Frauen zusammen, um Jerusalem wieder von den »Heiden« zu befreien. Nicht nur die vom Papst in Aussicht gestellte Sündenvergebung, sondern auch Abenteuerlust und Gewinnsucht dürften dabei als Motive gedient haben.

Kreuzfahrer auf einem Steinrelief

Nur ein Drittel der Kreuzfahrer kamen nach mehr als zwei Jahren in Palästina an, viele von ihnen waren auf dem Weg dorthin an Hunger und Entkräftung gestorben oder Überfällen fremder Völker zum Opfer gefallen. 1099 eroberten die Kreuzritter nach mehrwöchiger Belagerung Jerusalem, wobei sie ein Massaker an der jüdischen und muslimischen Bevölkerung anrichteten.

In Syrien und Palästina entstanden zahlreiche Kreuzfahrerstaaten. 200 Jahre lang mussten immer wieder neue Kreuzzüge unternommen werden, um diese Staaten gegen die einheimischen Araber zu verteidigen. 1291 fiel Akkon, der letzte Stützpunkt der Kreuzfahrer, wieder in die Hand der Muslime. Die Kreuzzüge waren gekennzeichnet durch viele Opfer und Gräueltaten auf beiden Seiten und belasteten das Verhältnis zwischen Christen und Muslimen sehr, Misstrauen und Feindschaft überwogen. Trotz aller Auseinandersetzungen führten die Kreuzzüge aber auch zu einem regen Gedankenaustausch und zahlreichen Neuerungen, u. a. in der Alltagskultur in Form von feinen Stoffen, erlesenen Möbeln und gewürzten Speisen. Zudem zeigten die überlegenen arabischen Kenntnisse in den Bereichen der Medizin und der Körperpflege verstärkt ihre Wirkung in Europa. Die zur Zeit der Kreuzfahrerstaaten entwickelten Handelsbeziehungen mit den italienischen Stadtstaaten wie Venedig blieben weiterhin bestehen und wurden ausgebaut.

1453 Ende des Byzantinischen Reichs

Zu Beginn des 14. Jh. gelang es der Familie der Osmanen, die Macht im Seldschukenstaat an sich zu bringen. Der Name ihrer Dynastie wurde bald zur Bezeichnung für das ganze Reich. Sie unternahmen immer wieder kriegerische Vorstöße nach Europa. Nach dem Sieg 1389 über ein serbisches Heer in der Schlacht auf dem Amselfeld erweiterten die Osmanen ihren Machtbereich bis nach Südosteuropa. 1453 gelang ihnen die Eroberung von Konstantinopel; das bedeutete zugleich das Ende des Byzantinischen bzw. Oströmischen Reichs.



## 5 Krisen im Spätmittelalter

**Klimaverschlechterung und Hungersnöte**

Im 14. Jh. führte eine Klimaverschlechterung in Europa, auch »kleine Eiszeit« genannt, zu wiederholten Missernten und Hungersnöten. Aufgrund von Nahrungsmittelknappheit stiegen die Preise und dies sorgte für soziale und wirtschaftliche Spannungen.

**Die große Pestwelle**

1347 – 1352

Noch gravierender aber war für die Menschen der Ausbruch einer Pestepidemie um 1350. Man vermutet, dass die Krankheitserreger aus Ostasien auf Handelsschiffen über das Mittelmeer nach Zentraleuropa gelangten, von wo sie sich rasch ausbreiteten. Hohes Fieber, geschwollene und eitrige Lymphknoten veränderten sich unter heftigen Schmerzen für die Kranken zu Geschwüren und schwarzen Flecken; daher wird die Pest auch als »Schwarzer Tod« bezeichnet. Ganze Landstriche wurden entvölkert. Insgesamt, so schätzt man heute, dürften der Pest etwa 25 Millionen Menschen zum Opfer gefallen sein, was einem Drittel der gesamten damaligen europäischen Bevölkerung entsprach. Besonders in den Städten, wo aufgrund des engen Zusammenlebens und der mangelhaften Hygiene die Ansteckungsgefahr besonders groß war, gab es hohe Bevölkerungsverluste.

Die Menschen standen der Pestepidemie – wie auch vielen anderen ansteckenden Krankheiten – hilflos gegenüber, es gab keine Gegenmittel für die Krankheit. Viele sahen in der Pest ein göttliches Strafgericht und versuchten, durch extreme Frömmigkeit Gott wieder gnädig zu stimmen. Wallfahrten und Bußübungen, aber auch Verfolgungen der Juden, denen der Vorwurf gemacht wurde, durch Vergiftung der Brunnen die Seuche verursacht zu haben (s. S. 38), waren die Folgen. Den Überlebenden der Pest verblieben Geld und Güter. Durch den enormen Rückgang der Bevölkerung gab es Grund und Boden sowie Konsumgüter im Überfluss, dafür fehlten die Arbeitskräfte. Ganze Dörfer waren ausgestorben, die Felder verwilderten. Dadurch war die Nachfrage nach Produkten so groß, daß das Handwerk bzw. die Städte einen gewaltigen Aufschwung erlebten.

**Ausbreitung der Pest**

- bis 1347
- bis Mitte 1348
- bis Ende 1348
- bis Mitte 1349
- bis Ende 1349
- bis 1350
- keine oder geringe nachgewiesene Ausbreitung

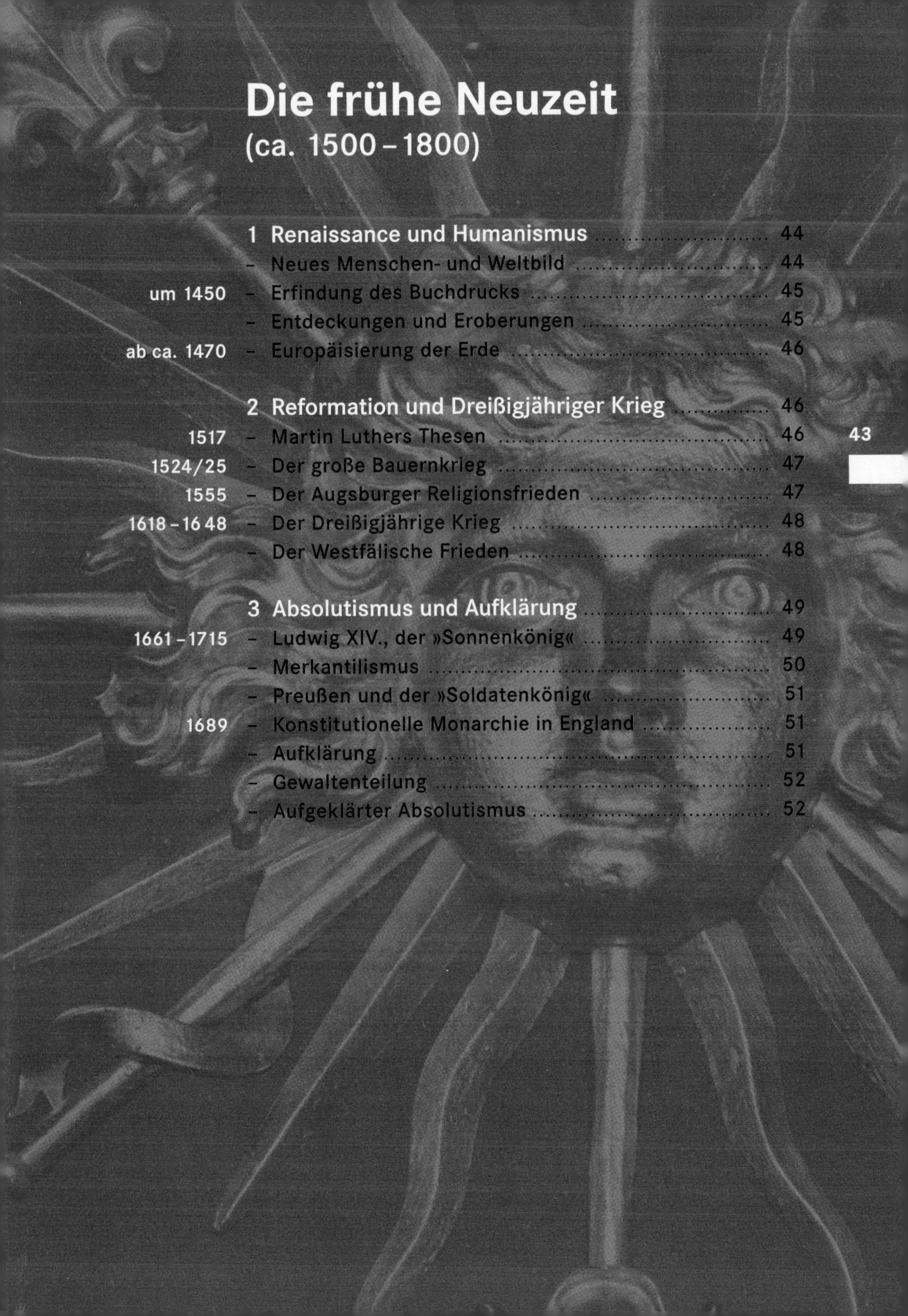

# Die frühe Neuzeit
## (ca. 1500 – 1800)

Viele Historiker setzen das Ende des Mittelalters und den Beginn der Neuzeit um das Jahr 1500 fest, wobei die ersten drei Jahrhunderte danach als »Frühe Neuzeit« bezeichnet werden. Ausschlaggebend für diesen Epochenwechsel war das Aufkommen eines neuen Denkens, das sich an den Maßstäben der Vernunft orientierte und zu zahlreichen Neuerungen und Entdeckungen führte.

Zur Epochenwende trugen zudem bei

- die Eroberung Konstantinopels durch die Osmanen (1453)
- die Erfindung des Buchdrucks mit beweglichen Bleilettern durch Johannes Gutenberg (um 1450)
- die Entdeckung »Amerikas« durch Kolumbus 1492
- sowie die von Martin Luther angestoßene Reformation der Kirche ab 1517.



## 1 Renaissance und Humanismus

Etwa ab dem 14. Jh. zeigte sich, von Norditalien ausgehend, ein wachsendes Interesse an der antiken Kultur, das in der Folgezeit auf ganz Europa übergriff und die Zeit der Renaissance (frz. = Wiedergeburt) kennzeichnet. Durch Handelskontakte mit Byzanz und der arabischen Welt kamen zahllose Handschriften griechischer und römischer Autoren nach Italien. Aufgrund des Studiums dieser Schriften in der Originalsprache entdeckten die Gelehrten, dass durch das Jahrhunderte lange Abschreiben viele Aussagen verfälscht worden waren. Nach der Eroberung von Byzanz durch die Osmanen 1453 (s. S. 41) waren viele Wissenschaftler nach Europa geflüchtet und brachten zusätzliche Impulse.

**Neues Menschen- und Weltbild**

Allen, die etwas zu den Neuerungen der Renaissance beitrugen, war eines gemeinsam: Nicht Gott und die Vorhersehung standen für sie im Mittelpunkt ihrer Betrachtungen, sondern der Mensch und seine Fähigkeiten. Ihr Denken wurde daher auch als »Humanismus« (lat. humanus = den Menschen betreffend) bezeichnet.

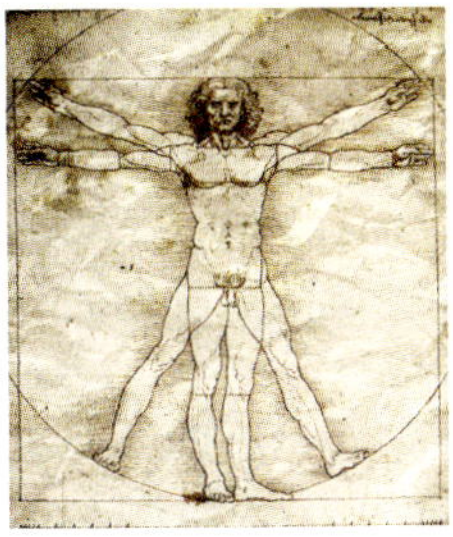

Proportionen des Menschen (Skizze von Leonardo da Vinci)

Die Renaissance-Gelehrten waren davon überzeugt: Sobald der Mensch etwas will, kann er dieses Vorhaben mithilfe der Vernunft umsetzen. Besonders in der bildenden Kunst und in der Malerei lehnte man schematische Vorgaben ab und zeigte verstärkt den Menschen so, wie er im wirklichen Leben aussah. Perspektive und Proportion wurden eingeführt. Bedeutende Künstler wie Leonardo da Vinci (1452–1519) oder Michelangelo (1475–1564) prägten die Architektur und Malerei dieser Epoche.

Ein neues Bild der Welt entstand durch die Forschungen des Astronomen Nikolaus Kopernikus (1473–1543). Er fand heraus, dass nicht die Erde Mittelpunkt des Universums sei (geozentrisches Weltbild, griech. geo = Erde), sondern die Erde zusammen mit den anderen Planeten um die Sonne kreist (heliozentrisches Weltbild, griech. helios = Sonne). Diese Erkenntnis stellte die biblische Lehre in Frage, nach der der Mensch die Krone der Schöpfung war und die von ihm bewohnte Erde allein im Zentrum des Kosmos stand. Einige Jahrzehnte später wurde daher der Astronom Galileo Galilei (1564–1642), der die Behauptungen des Kopernikus wiederholte und zu beweisen versuchte, als Ketzer angeklagt und seine Lehre verboten.

### Erfindung des Buchdrucks

Die Erfindung des Buchdrucks mit beweglichen Bleilettern durch Johannes Gutenberg (um 1450) ermöglichte, dass sich das neue Denken rasch in ganz Europa verbreitete. Die Kirche verlor durch diese von Vernunft und Kritik bestimmte Denkweise ihre alles beherrschende Machtstellung.

### Entdeckungen und Eroberungen

Erfindungen wie der Kompass, genauere Karten und ein neuer Schiffstyp mit mehreren Masten ohne Ruderantrieb (Karavelle) ermöglichten eine bessere Orientierung und rascheres Vorwärtskommen auf dem Meer. Seefahrer wie Christoph Kolumbus machten sich die Neuerungen für wagemutige Expansionen zu eigen. Ausgehend von der Erkenntnis, dass die Erde eine Kugel sei, wollte er den Seeweg nach Indien finden. Er stieß dabei jedoch auf Mittel- und Südamerika, deren Bewohner er irrtümlicherweise »Indianer« nannte.

Europäisierung der Erde

Die Entdeckung dieser für die Europäer »Neuen Welt« und ihres Reichtums an Gewürzen, Früchten, Gold und anderen Bodenschätzen führte zur weiteren Expansion der Europäer, in deren Verlauf es zur Zerstörung der alten Kulturen des Azteken-, Maya- und Inkareichs und zur Versklavung und Ermordung eines Großteils der indianischen Bevölkerung kam. Eingeschleppte Seuchen dezimierten die Einheimischen zusätzlich. Da den eroberten und kolonisierten Gebieten europäische Lebensformen aufgezwungen wurden, spricht man auch von einer »Europäisierung der Erde«.



## 2 Reformation und Dreißigjähriger Krieg

Martin Luthers Thesen

Martin Luther (1483–1546)

Die Kirche hatte im Mittelalter eine unangefochtene Stellung, dennoch kam immer wieder Kritik an Missständen auf. Mitte des 15. Jh. wurde die Verweltlichung der Kirche angeprangert. Päpste, Bischöfe und andere Geistliche waren mehr an politischer Macht und an Prachtentfaltung interessiert als an geistlichen Belangen. Die Priester hatten keine richtige Ausbildung und boten auch kein Vorbild mehr für ein gottgefälliges Leben. Anfang des 16. Jh. rückte die Ablasspraxis in den Mittelpunkt der Kritik. Die Kirche nutzte die Angst der Gläubigen vor Sündenstrafen und Verdammnis und verkaufte Ablassbriefe. Mit einem solchen Ablass, so wurde erklärt, würden den Menschen und ihren verstorbenen Angehörigen die Sündenstrafen erlassen. Mit dem erworbenen Geld sollten die gestiegenen Ausgaben und der Neubau des Petersdomes in Rom finanziert werden.
Dagegen wandte sich der Mönch Martin Luther; er prangerte 1517 in Wittenberg mit 95 Thesen diese Praxis an. Luther bestritt, dass fromme Werke wie Ablässe oder auch Wallfahrten das Seelenheil der Menschen retten könnten. Allein der christliche Glaube und die Gnade Gottes seien die Voraussetzung dafür. Seine Gedankengänge verbreiteten sich rasch und zeigten, wie notwendig eine solche Kritik auch vom Volk empfunden wurde. Luthers Anstöße wurden zur Grundlage einer neuen religiösen Bewegung, die man mit dem Begriff »Reformation« (lat. reformatio = Erneuerung) umschrieb.

Damit war aber die Rolle der Kirche als Mittlerin zwischen den Gläubigen und Gott und ihre Autorität in Frage gestellt. So geriet Luther bald in Konflikt mit Papst und Kaiser. Als er 1521 auf dem Reichstag zu Worms nicht bereit war, seine Ansichten zu widerrufen, wurde er als Ketzer verurteilt und für vogelfrei erklärt. Sein Landesherr, Kurfürst Friedrich III. von Sachsen, versteckte Luther jedoch auf der Wartburg bei Eisenach. Dort übersetzte Luther die Bibel in die deutsche Sprache. Diese »Lutherbibel« wurde grundlegend für die Entwicklung der deutschen Hochsprache.

### Der große Bauernkrieg

Luthers Buch »Von der Freiheit eines Christenmenschen« ermutigte die Bauern, vor allem in Südwestdeutschland und Thüringen, 1524/25, sich gegen ihre Abhängigkeit von den Grundherren zu wehren. Luther, der zunächst Verständnis für die Anliegen der Bauern gezeigt und die Grundherren zu Verhandlungen aufgefordert hatte, war von der zunehmenden Gewalttätigkeit der Bauern entsetzt und wechselte die Fronten; der Aufstand wurde blutig niedergeschlagen.

Kaiser Karl V. und die Fürsten

Karl V. wollte aber sowohl die politische Einheit seines großen Reichs als auch die innere Einheit des Glaubens sichern. Der Herrscher konnte nur zeitweise in die kirchlichen und religiösen Auseinandersetzungen eingreifen, weil er zum einen gegen Frankreich um die Vormacht in Europa kämpfte, zum anderen den Ansturm der Türken auf Europa abwehren musste. Die Landesfürsten erzielten in der Religionsfrage keine Einigung, nutzten aber diese Situation zu ihren Gunsten. Einige von ihnen nahmen die neue Lehre an, um mehr Unabhängigkeit vom Kaiser zu erlangen. Gleichzeitig zogen sie in ihren Gebieten den Besitz der katholischen Kirche ein und übernahmen die Oberaufsicht über die neu gegründeten Landeskirchen.
Aufgrund des Protests gegen das Verbot durch Papst und Kaiser wurden die Anhänger der neuen Religion »Protestanten« genannt.

### Der Augsburger Religionsfrieden

Nach blutigen Auseinandersetzungen zwischen protestantischen und katholischen Fürsten bzw. dem Kaiser gelang es 1555 auf einem Reichstag in Augsburg, einen Kompromiss zu finden: Jeder Landesfürst durfte das Bekenntnis (Konfession) frei wählen, das alle Untertanen des jeweiligen Gebiets übernehmen mussten; andernfalls konnten sie auswandern. So wurde Mitteleuropa zu einem konfessionell gespaltenen Gebiet.

Viele nachfolgende Kriege führten Könige und Fürsten im Namen der Religion, in Wirklichkeit aber vor allem aus Machtgier. Die Nachfolger Karls V. versuchten mithilfe der Jesuiten, die katholische Kirche zu stärken und zugleich der Machtstellung des Kaisers gegenüber den Landesfürsten größeres Gewicht zu verschaffen. Die protestantischen Landesfürsten wiederum waren bestrebt, ihre Unabhängigkeit gegenüber dem Kaiser zu behaupten.



## Der Dreißigjährige Krieg

»Prager Fenstersturz« (zeitgenössischer Holzschnitt)

Dieser Machtkampf mündete in den Dreißigjährigen Krieg. Der Auslöser für ihn war der »Prager Fenstersturz« 1618, als protestantische Adlige Gesandte des Kaisers einfach aus einem Fenster der Prager Burg warfen, um so ihren Protest gegen den Versuch, die Religionsfreiheit einzuschränken, offenkundig zu machen; die Gesandten überlebten schwer verletzt. An den nun folgenden Kampfhandlungen zwischen dem Bündnis der protestantischen Fürsten, der »Union«, und dem Bündnis der katholischen Adligen, der »Liga«, beteiligten sich im Laufe der Jahre viele europäische Staaten aus unterschiedlichen Beweggründen. So wurde aus dem anfänglichen Religionskrieg ein europäischer Kampf.
Weite Gebiete Europas wurden verwüstet. Vor allem die Landbevölkerung litt unter den jahrzehntelang durch die Lande ziehenden plündernden und mordenden Söldnerheeren der verschiedenen Parteien. Die Bevölkerungszahl ging, ähnlich wie bei der großen Pest um 1350, etwa um ein Drittel zurück. Es sollte über hundert Jahre dauern, bis sich Deutschland von den Folgen des Kriegs erholt hatte.

## Der Westfälische Frieden

Nach fünf Jahre dauernden Friedensverhandlungen legte man im Westfälischen Frieden 1648 fest, dass die Bestimmungen des Augsburger Religionsfriedens von 1555 weitgehend erneuert wurden. Allerdings konnten jetzt die Untertanen selbst entscheiden, ob sie protestantisch oder katholisch sein wollten. Sie mussten auch nicht das Land verlassen, wenn sie einer anderen Konfession als der des Landesherrn angehörten. Politisch waren die Landesfürsten dennoch gestärkt aus dem Krieg hervorgegangen. Sie herrschten in ihren Gebieten weitgehend selbstständig und bildeten so ein starkes Gegengewicht zum Kaiser. Das Heilige Römische Reich war zu einem Flickenteppichgeworden, bestehend aus über 370 Einzelstaaten. Frankreich dagegen wurde die stärkste Macht in Europa (siehe Karte im Umschlagteil hinten).

## 3 Absolutismus und Aufklärung



Auch in Frankreich gab es im 16. Jh. blutige Konflikte um den rechten Glauben. Doch gelang es den Königen, Adel und Protestanten weitgehend zu entmachten und die eigene Macht zu vergrößern. Seit 1614 riefen die Könige die Ständeversammlungen, in denen sich Vertreter der drei Stände mit dem König zur »Beratung« trafen, nicht mehr ein.

**Ludwig XIV., der »Sonnenkönig«**

Ludwig XIV. (1661 –1715) beanspruchte ohne Mitwirkung anderer den Staat zu beherrschen und Gesetze zu erlassen, die für alle außer ihm selbst zu gelten hätten. »Der Staat bin ich!«, soll er gesagt haben. Als Symbol wählte Ludwig die Sonne: Wie die Sonne im Universum sollte auch er im Zentrum des Staates stehen und alles überstrahlen.
Sein riesiges Schloss, das er in Versailles errichten ließ, sollte ein sichtbares Zeichen der Größe des Königs sein. Die Adligen mussten sich am Hof regelmäßig aufhalten, damit Ludwig sie kontrollieren konnte. Um seine Macht durchzusetzen, schuf der Herrscher eine zentrale Verwaltung mit Beamten, die nur von ihm abhängig waren, und unterhielt ein stehendes Heer, das ständig im Sold stand. Dieser Herrschaftsstil, bei dem ein Monarch absolut, das heißt losgelöst von jeglichen gesetzlichen Vorgaben, regierte, wird als »Absolutismus« bezeichnet (s. S. 56).

Ludwig XIV. in Herrscherpose (Gemälde von Ludwigs Hofmaler Hyacinthe Rigaud)

**Merkantilismus**

Staatliche Wirtschaftspolitik

Der König war in ständiger Geldnot. Sowohl die aufwändige Hofhaltung als auch das stehende Heer und die zahlreichen Kriege verschlangen enorme Geldsummen und belasteten den Staatshaushalt in großem Maße. Daher wurde ein Wirtschaftssystem, der Merkantilismus, entwickelt, in dem der Staat wie ein Kaufmann (lat. mercator) die Wirtschaft lenkte und darauf achtete, möglichst viel Geld ins Land zu ziehen und möglichst wenig Geld hinauszulassen. So waren die Ausfuhr von Rohstoffen sowie die Einfuhr ausländischer Fertigprodukte begrenzt. Umgekehrt förderte der Staat Rohstoffe verarbeitende Manufakturen und den Export hochwertiger Waren durch den Ausbau von Transportwegen (s. S. 66). Die Landwirtschaft dagegen wurde vernachlässigt. Vom Merkantilismus profitierten daher vor allem Kaufleute, Manufakturbesitzer und Bankiers. Trotz der hohen Einnahmen aus dem Wirtschaftsbereich blieb die Staatsverschuldung enorm und der Staatshaushalt musste immer wieder mithilfe neuer Steuern ausgeglichen werden, sehr zum Unmut der Bevölkerung.

Die Regierungsweise Ludwigs XIV. fand in Europa viele Nachahmer. Viele Landesfürsten versuchten, die Mitspracherechte der Stände zu beschränken. Als Zeichen ihrer Macht ließen auch sie sich große Schlossanlagen errichten und feierten aufwändige Feste.

**Preußen und der »Soldatenkönig«**

Es gab jedoch auch regionale Unterschiede. So unterschied sich der preußische Königshof unter König Friedrich Wilhelm I. von dem der französischen Königen durch eine äußerst schlichte Hofhaltung. Dafür wurde umso mehr Gewicht auf den Aufbau eines großen stehenden Heeres gelegt, was dem König den Beinamen »Soldatenkönig« einbrachte. Das Heer war eine wesentliche Voraussetzung für die Entwicklung Preußens zu einer europäischen Großmacht war.

**Konstitutionelle Monarchie in England**

Anders als auf dem europäischen Kontinent entwickelte sich das Verhältnis zwischen König und Adligen in England. Bereits seit 1215 bestand ein Parlament, dessen Macht im Laufe der Jahrhunderte ständig größer geworden war und das auch das ausschließliche Steuerbewilligungsrecht besaß.



Die Versuche der Könige aus der Familie der Stuarts im 17. Jh., absolutistisch zu herrschen, scheiterten am entschiedenen Widerstand der Parlamentarier: 1688 wurde der katholische König abgesetzt, dieser Vorgang wird auch als »Glorious Revolution« bezeichnet. 1689 verabschiedete das Parlament die »Bill of Rights«, die den König in Fragen der Gesetzgebung und des Staatshaushaltes vom Parlament abhängig machte und die Meinungsfreiheit garantierte. So war England zu Beginn des 18. Jh. eine konstitutionelle Monarchie geworden, in der erstmals die Macht des Monarchen durch eine Verfassung (Konstitution) eingegrenzt und beschrieben wurde (s. S. 56).

**Aufklärung**

Immanuel Kant, Montesquieu, Voltaire

In der Zeit des Absolutismus entwickelte sich die Aufklärung. Ihr Kennzeichen war ein kritisches, auf Vernunft basierendes Denken. Der Philosoph Immanuel Kant (1724–1804) beantwortete die Frage, was Aufklärung sei, mit den Worten: »Aufklärung ist der Ausgang des Menschen aus seiner selbstverschuldeten Unmündigkeit«. Und dazu müsse – so Kant – der Mensch selbstständig denken, sich von überkommenen Vorstellungen distanzieren und diese kritisch hinterfragen. »Habe Mut, dich deines eigenen Verstandes zu bedienen«, lautete der neue Grundsatz.

Um den Menschen überhaupt in die Lage zu versetzen, sowohl selbstbestimmt und kritisch zu denken als auch zu handeln, war eine entsprechende Bildung notwendig. Die Auf-

Immanuel Kant

klärer forderten, Kritik zu üben vor allem an dem absoluten Wahrheitsanspruch der großen Religionen und zugleich auf mehr Toleranz zu bestehen. Auch die absolutistische Regierungsform wurde kritisiert. Statt Willkür sollte eine Rechtsordnung gelten, die in einer Verfassung grundgelegt wird. Da der Mensch von Natur aus frei und gleichberechtigt sei, so die Denker der Aufklärung, und daher durch den Gebrauch der Vernunft zu gerechten Urteilen kommen könne, müsste die Ständeordnung aufgehoben und alle Menschen als mündige Staatsbürger Mitsprache im Staat erhalten. Die Aufklärer dachten dabei nur an Männer, die auch Vermögen hatten, nicht aber an Frauen oder ärmere Lohnempfänger.



## Gewaltenteilung

Der französische Aufklärer Charles de Montesquieu (1689 bis 1755) forderte, um den Machtmissbrauch zu verhindern, dass im Staat die Gewaltenteilung eingeführt werden sollte: Die gesetzgebende Gewalt (Legislative), die regierende oder ausführende Gewalt (Exekutive) und die rechtsprechende Gewalt (Judikative) sollten streng voneinander getrennt werden, sich aber gegenseitig kontrollieren.

## Aufgeklärter Absolutismus

Die Gedanken der Aufklärung erreichten auch einige Fürsten, u. a. Friedrich II. von Preußen (1740–1786), an dessen Hof der französische Philosoph Voltaire (1694–1778) auch einige Jahre weilte. Der König verstand sich als Diener des Staates und leitete seine Stellung nicht von Gott ab, sondern begründete eine vernunftgeleitete Staatsverwaltung, die sich am Wohl des Gesamtstaates orientierte. Er ließ die Folter für eine Vielzahl von Strafvergehen abschaffen, gewährte Religionsfreiheit und förderte sowohl die schulische Bildung als auch die Wissenschaften. Außerdem setzte er sich für die Gleichheit aller preußischen Bürger vor dem Gesetz ein; die Justizreform wurde allerdings erst nach seinem Tod abgeschlossen.
Man nennt diese Herrschaftsform »aufgeklärter Absolutismus«, weil die Monarchen einige Ideen der Aufklärer umsetzten, dennoch aber absolut regierten.

# Das Zeitalter der Revolutionen (1776 – 1917)

Während Reformen eine friedliche Umgestaltung und Verbesserung der Verhältnisse innerhalb einer bestehenden Gesellschaft bewirken sollen, verbindet man den Begriff »Revolution« mit einem meist gewaltsamen Umsturz, der einschneidende politische, wirtschaftliche und gesellschaftliche Veränderungen mit sich bringt. Die Zeit zwischen 1776 und 1917 war in besonderem Maße von Revolutionen geprägt. Sie beginnt mit der Unabhängigkeitserklärung Amerikas 1776 und endet mit dem Untergang verschiedener Monarchien, vor allem des Zarenreichs (1917) und des deutschen Kaiserreichs (1918) als Folge des Ersten Weltkriegs. Wegen der großen Zeitspanne sprechen Historiker auch vom »langen« 19. Jahrhundert. Politisch stand in ihm der Kampf um die Menschenrechte und das Streben der Völker nach demokratischer Mitbestimmung im Zentrum.



## 1 Amerika wird unabhängig

Im 16. Jh. wurde Nordamerika von Spaniern, Franzosen und Briten besiedelt; England besaß dreizehn Kolonien an der Ostküste. Die Siedler hatten sich erfolgreich gegenüber den indianischen Ureinwohnern und gegen die französischen Siedler, die Anspruch auf diese Gebiete erhoben, behauptet. Für die dadurch sehr selbstbewusst gewordenen Siedler wurde die britische Kolonialpolitik zunehmend ein Ärgernis: Anfangs genossen die Kolonisten weitgehende Selbstverwaltung, sie wählten ihre Vertreter in parlamentarischen Versammlungen; diese entschieden über Steuern und Gesetze. 1756–1763 führte England einen kostspieligen Krieg gegen die Franzosen in Kanada und am Mississippi. Das englische Parlament beschloss, die hohen Kriegskosten unter anderem auch durch Steuern und Zölle von den Kolonisten auszugleichen. Die Siedler lehnten es jedoch ab, Abgaben zu zahlen, weil sie nicht im englischen Parlament vertreten seien. Für sie galt der Grundsatz »Keine Steuern ohne Mitsprache«.

»No taxation without representation«

1773 wurde in der Hafenstadt Boston aus Protest gegen die Bestimmung, dass nur die Ostindische Handelsgesellschaft Tee einführen dürfe, die Ladung eines englischen Teeschiffes kurzerhand ins Meer geworfen. Dieses als »Boston-Tea-Party« bekannt gewordene Ereignis werteten die Briten als offene Rebellion und entsandten Soldaten. Der Konflikt eskalierte, obgleich die Siedler um eine friedliche Beilegung bemüht waren. 1775 kam es zum Unabhängigkeitskrieg.

### Der Unabhängigkeitskrieg

Der erste amerikanische Präsident George Washington (1789–1797)

Am 4. Juli 1776 erklärten sich die dreizehn Kolonien für unabhängig. Unter der Führung General George Washingtons gelang den amerikanischen Siedlern trotz vieler Rückschläge und zahlenmäßiger Unterlegenheit der Sieg. Entscheidend dafür war die militärische Unterstützung durch Frankreich. Im Frieden von Paris 1783 musste England die Souveränität der Vereinigten Staaten von Amerika (USA) anerkennen. Viele freiwillige Kämpfer aus Europa verbreiteten nach ihrer Rückkehr aus Amerika die Ideen der amerikanischen Revolution in ihren Heimatländern.
Schon während des Unabhängigkeitskriegs war eine gemeinsame Verfassung für den neuen Staat erarbeitet worden, die erstmals die Ideen der Aufklärung umsetzte. Das Gesetzeswerk sah eine klare Trennung in Exekutive, Legislative und Judikative vor und beinhaltete zahlreiche Regelungen zur gegenseitigen Kontrolle der Gewalten (»checks and balances«). 1789 trat es in Kraft und gilt als die erste demokratische Verfassung der Neuzeit. Bis zum heutigen Tag ist sie nur geringfügig verändert worden. Die erste Ergänzung der Verfassung, die bereits 1791 verabschiedet wurde, enthält einen Grundrechtekatalog (»Bill of Rights«) mit den wesentlichen Freiheits- und Gleichheitsrechten. Die verankerten Grundrechte galten allerdings nicht für Frauen, Indianer und Sklaven.



## 2 Die Französische Revolution

Auch in Frankreich kam es im Sommer 1789 zu revolutionären Unruhen. Zwischen den kirchlichen Würdenträgern, dem Klerus (erster Stand), und dem Adel (zweiter Stand) sowie den politisch rechtlosen Bürgern und Bauern (dritter Stand) gab es eine riesige Kluft. Während die Angehörigen der ersten beiden Stände von jeglichen Steuern befreit waren und zahlreiche weitere Vorrechte genossen, musste der dritte Stand

## Geschichte im Überblick: Herrschaftsformen, Ideologien und Revolutionen in der Neuzeit

**ABSOLUTISMUS** (lat. asolutus = losgelöst): Im 17. und 18. Jh. ausgeprägte Herrschaftsform, bei der der König im Idealfall absolut, d. h. losgelöst von den Gesetzen, herrschen konnte. Der Monarch verfügte über gesetzgebende und richterliche Macht und stand an der Spitze der Regierung.

**FASCHISMUS/FASCHISTISCHE DIKTATUREN:** Sammelbegriff für rechtsgerichtete nationalistische Diktaturen im 20. Jh., die u. a. in Italien, Deutschland und Spanien errichtet wurden. Der deutsche Nationalsozialismus ist der bekannteste Faschismus. Zu seinen Kennzeichen zählen: Ablehnung der Demokratie; Rassismus, der sich vor allem in seinem Hass auf Juden zeigt (Antisemitismus); Streben nach räumlicher Ausdehnung des Staatsgebiets (Expansion).



**FEUDALISMUS** (lat. feudum = Lehen): Bis ins 19. Jh. hinein herrschende Herrschafts- und Gesellschaftsform, die durch die Existenz verschiedener gesellschaftlicher Stände (Geistlichkeit, Adel, Bürger/Bauern) gekennzeichnet ist, wobei man durch Geburt Mitglied seines Standes wird (Ausnahme: Geistlichkeit). Die Angehörigen verschiedener Stände besitzen unterschiedliche Rechte und Vorrechte. Grundherren haben z. B. das Recht, von den Bauern, die von ihnen abhängig sind, Frondienste und Abgaben zu verlangen.

**LIBERALISMUS:** Vorstellung von einem Staat, einer Gesellschaft oder Wirtschaft, welche die freie Entfaltung des Menschen möglichst ohne staatliche Eingriffe anstrebt. Kennzeichnend für liberale Forderungen sind die Einführung von Verfassungen und die Durchsetzung von Bürgerrechten.

**KONSTITUTIONELLE MONARCHIE:** Monarchie, bei der der König an eine Verfassung gebunden ist und seine Aufgaben sowie diejenigen anderer Staatsorgane in einer Verfassung festgesetzt sind.

**KOMMUNISMUS/KOMMUNISTISCHE DIKTATUREN:** Der Kommunismus ist eine Weltanschauung, die die Abschaffung des Privateigentums und die vollkommene Gleichheit aller Menschen anstrebt. Versuche, den Kommunismus zu praktizieren oder ihm zu-

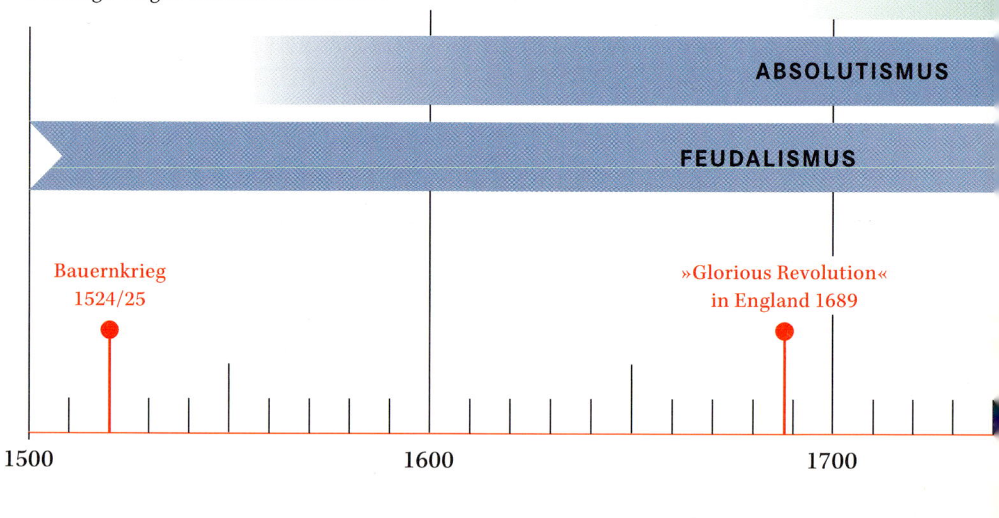

mindest nahe zu kommen, wurden im 20. Jh. mehrfach unternommen, u. a. in Russland und China. Sie führten jedes Mal zur Errichtung von Diktaturen und zum Tod von Millionen Menschen.

**PARLAMENTARISCHE DEMOKRATIE:** Herrschaftsform, bei der das Volk eine Volksvertretung (Parlament) wählt, die die wichtigsten politischen Entscheidungen trifft. Das Parlament kontrolliert die Regierung. Es wählt den Regierungschef, bisweilen auch die übrigen Mitglieder der Regierung, und kann ihnen das Misstrauen aussprechen. Die Regierung ist dem Parlament gegenüber verantwortlich.

**SOZIALISMUS:** Politische Lehre und Bewegung, deren Ziel es ist, die Ungleichheit des Besitzes aufzuheben, Produktionsmittel, z. B. Fabriken, in Gemeineigentum zu überführen (Sozialisierung) und die wirtschaftliche Entwicklung staatlicher Planung zu unterwerfen.

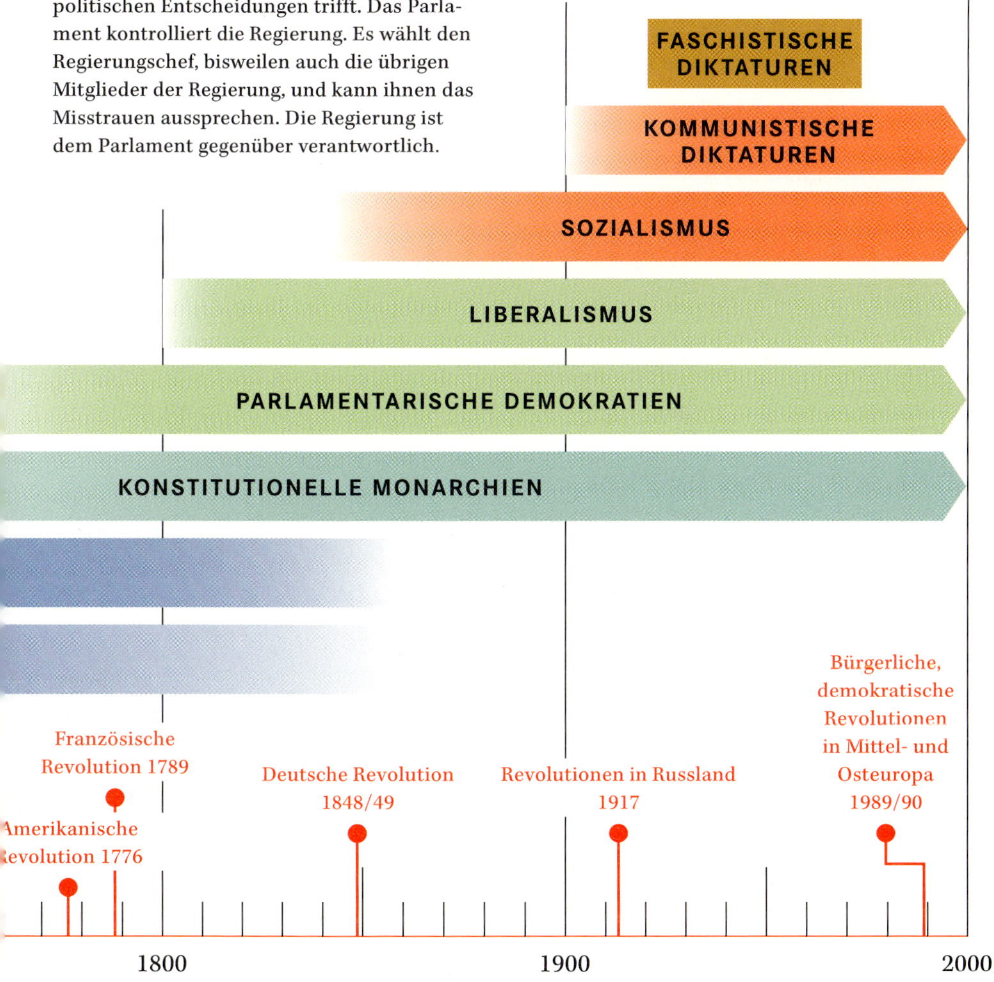

nicht nur für die teure Hofhaltung aufkommen, sondern auch für das Militär und die Kriegszüge immer höhere Abgaben leisten. Es herrschte bitterste Not unter der bäuerlichen Bevölkerung.

Nationalversammlung

Um erneut Steuererhöhungen beschließen zu können, berief König Ludwig XVI. (1774 –1793) im Mai 1789 erstmals nach 175 Jahren wieder eine Ständeversammlung nach Versailles. Der dritte Stand erklärte sich dort aufgrund seiner zahlenmäßigen Überlegenheit zum Vertreter des Volkes, d.h. zur Nationalversammlung. Er forderte die Einschränkung der absoluten Monarchie sowie die Ausarbeitung einer Verfassung mit Freiheits- und Gleichheitsrechten für alle. Die Abgeordneten leisteten den Schwur, erst dann auseinander zu gehen, wenn Frankreich eine Verfassung erhalten habe.

## Sturm auf die Bastille



Bereits in den Jahren vor 1789 war es zu einem wirtschaftlichen Niedergang gekommen. Die Preise insbesondere für Lebensmittel stiegen, Tausende von verarmten und verzweifelten Menschen strömten nach Paris. Die Gerüchteküche brodelte, man wusste nicht, was die Nationalversammlung erreichen bzw. wie der König auf ihre Beschlüsse reagieren würde. In Paris kam es am 14. Juli 1789 – heute der französische Nationalfeiertag – zu gewalttätigen Protesten, in deren

Erstürmung der Bastille

Folge das verhasste Staatsgefängnis, die »Bastille«, gestürmt

wurde. Gleichzeitig brachen auf dem Land Unruhen aus; Bauern zerstörten Klöster und Schlösser und vernichteten die Urkunden, in denen ihre Abgabenverpflichtungen und Frondienste verzeichnet waren.

**Erklärung der Menschen- und Bürgerrechte**

Daraufhin hob die Nationalversammlung Anfang August 1789 viele Privilegien des ersten und zweiten Standes auf und legte fest, dass Steuern nur mehr von der Höhe des Einkommens abhängig gemacht werden konnten; das bedeutete das Ende des französischen Absolutismus. Zudem wurde in einer allgemeinen Erklärung verkündet, dass alle Menschen gleich an Rechten und frei seien. So wurde auch in Frankreich die Umsetzung der Ideen von Freiheit und Gleichheit erzwungen; die Ungleichheit bestand aber insofern fort, als Frauen auch weiterhin benachteiligt wurden.

Frankreich wird Republik

Die Nationalversammlung 1791 sah in ihrer Verfassung eine konstitutionelle Monarchie mit dem König an der Spitze vor. Aber Ludwig XVI. verlor durch einen gescheiterten Fluchtversuch seine Glaubwürdigkeit. Als bekannt wurde, dass Preußen und Österreich planten, mit einem Feldzug gegen Frankreich die Revolution zu beenden, radikalisierte sich die Stimmung. 1792 rief der Nationalkonvent die Republik aus – der König war nur noch einfacher Bürger.

**Terrorherrschaft der Jakobiner**

In dieser schwierigen und aufgeheizten Lage gelangte die radikale Gruppe der Jakobiner unter ihrem Führer Maximilian Robespierre (1758 –1794) an die Macht. Sie setzte sich für die vollkommene Gleichheit aller Bürger ein und erreichte in einem Gerichtsverfahren, dass der König zum Tode verurteilt wurde (1793).

Unter dem Vorwand, Tugend, Güte und Gerechtigkeit durchsetzen zu wollen, ließen die Jakobiner zwischen 1793 und 1794 an die 30 000 Bürger als Gegner der Revolution unter dem Fallbeil der Guillotine hinrichten – ohne gültiges Gerichtsverfahren. Erst als Robespierre selbst angeklagt und hingerichtet wurde (1794), endete die Schreckensherrschaft der Jakobiner. Ein Direktorium, bestehend aus fünf Männern, übernahm die Führung.

## 3 Napoleon verändert Europa

**Napoleon – Vollender der Revolution?**

Napoleon Bonaparte (1769–1821)

Im Verlauf der Kriege Frankreichs mit den Gegnern der Revolution, Österreich, Preußen und später auch England, war ein junger General populär geworden: Napoleon Bonaparte. 1799 stürzte er die Regierung und erklärte die Revolution für beendet. Er veranlasste, dass eine neue Verfassung ausgearbeitet wurde und ernannte sich zum »Ersten Konsul«. 1804 ließ er sich zum Kaiser krönen und diesen Schritt vom französischen Volk in einer Volksabstimmung bestätigen. Obwohl damit die Monarchie wieder eingeführt war, wurden erst unter Napoleon wichtige Forderungen der Revolution dauerhaft umgesetzt. Bonaparte bezeichnete sich daher auch als Vollender und Überwinder der Revolution. Die Festschreibung bürgerlicher Freiheitsrechte und anderer Verwaltungsvorschriften im »Code Civil« wurde zum Vorbild für das Rechtswesen in großen Teilen Europas.



Frankreich – Vormacht in Europa

Napoleon wollte die liberalen Ideen Frankreichs auf ganz Europa ausweiten und begann einen einzigartigen Eroberungszug durch Europa. Gleichzeitig dienten seine Feldzüge aber auch der Festigung der französischen Machtstellung in Europa und seinem persönlichen Aufstieg.

**Napoleon und Deutschland**

Säkularisierung und Mediatisierung

Vor allem für Deutschland bedeuteten die Eroberungen Napoleons eine territoriale Neuordnung. Napoleon nahm die Gebiete links des Rheins für Frankreich in Besitz. Als Ausgleich für die betroffenen Fürsten löste man geistliche Fürstentümer auf (Säkularisierung) und übertrug ihnen diesen Besitz. Viele kleinere weltliche Herrschaftsbereiche wurden größeren Fürstentümern zugeschlagen oder zu Staaten mittlerer Größe zusammengelegt (Mediatisierung). Mit diesem Reichsdeputationshauptschluss, wie man den 1803 festgelegten Entschädigungsplan nannte, hatte die deutsche Kleinstaaterei ein Ende und der deutsche Kaiser seine Macht und Autorität eingebüßt. Als sich 16 deutsche Staaten 1806 im »Rheinbund« unter Frankreichs Führung zusammenschlossen und ihren Austritt aus dem Heiligen Römischen Reich erklärten, legte Kaiser Franz II. am 6. August 1806 die Krone nieder; das seit dem 10. Jh. bestehende Heilige

1806 Ende des Heiligen Römischen Reichs Deutscher Nation

Römische Reich Deutscher Nation hatte zu bestehen aufgehört.

1807 Reformen in Preußen

Nach einer vernichtenden Niederlage gegen Napoleon war sich Preußen bewusst, dass nur radikale Reformen des Staates und der Gesellschaft sein Überleben sicherten. In Preußen wurden 1807 die Bauern von der Erbuntertänigkeit befreit. Die Gewerbefreiheit beendete die Aufsicht des Staates über das Wirtschaftsleben. Es kam zu Reformen in der Verwaltung, im Finanz-, Steuer- und Bildungswesen.

### Befreiungskriege

Napoleon gelang es, seine Herrschaft über fast ganz Europa auszudehnen. Seinem Eroberungsdrang wurde jedoch durch den Russlandfeldzug 1812/1813 ein Ende gesetzt. Von über 600 000 Soldaten kehrten nur einige Tausend zurück, viele waren dem harten Winter und den Angriffen russischer Truppen beim Rückzug zum Opfer gefallen. Die Schwäche Frankreichs nutzten die anderen europäischen Staaten zum Gegenschlag. Napoleon erlitt 1813 eine vernichtende Niederlage in der Völkerschlacht bei Leipzig und musste in die Verbannung auf die Insel Elba gehen. Kurzzeitig kehrte er nach Frankreich zurück, wurde aber endgültig in der Schlacht bei Waterloo (1815) besiegt und auf die Atlantik-Insel St. Helena verbannt, wo er 1821 starb.



## 4 Der Wiener Kongress und seine Folgen

Nationalismus
Liberalismus

Durch die französische Vorherrschaft hatten sich in vielen Ländern Europas die revolutionären Gedanken verbreitet. In den Völkern war mit dem erfolgreichen Kampf gegen Frankreich auch der Wille zur Freiheit und der Wunsch nach einem eigenen Nationalstaat geweckt worden. So sollten Sprache, Geschichte und Kultur das einende Merkmal sein. Außerdem wollte man weniger Bevormundung durch den Staat und zugleich Schutz vor staatlicher Willkür (s. S. 56). »Einigkeit und Recht und Freiheit« lauteten die Hoffnungen auch vieler Deutscher, nachdem die napoleonische Herrschaft 1815 abgeschüttelt war. In einzelnen Staaten begann man, wenn auch zögerlich, mit Reformen; die Fürsten hatten während der Befreiungskriege versprochen, diese durchzuführen.

Restauration

Aber auf dem Wiener Kongress 1814/15 war davon nichts mehr zu hören. Staatsmänner aus ganz Europa trafen sich in Wien, um den von den napoleonischen Kriegen erschütterten Kontinent neu zu ordnen. Enttäuschung machte sich breit, als man den Monarchen die Rechte, die sie vor der Französischen Revolution gehabt hatten, wieder zubilligte. Als Grundsatz galt dabei die »Restauration«, d. h. die alte Ordnung sollte wieder hergestellt werden und das Volk von politischer Mitsprache ausgeschlossen bleiben.

Deutscher Bund

Was sollte aus Deutschland werden? Einen deutschen Nationalstaat wollten weder die deutschen Fürsten noch die anderen europäischen Herrscher. So wurde anstatt eines geeinten Deutschlands, wie es viele Menschen nach den Befreiungskriegen gegen Napoleon erhofft hatten, ein »Deutscher Bund« gegründet, der 39 souveräne Einzelstaaten lose vereinte, ohne dass es eine gemeinsame Verfassung oder Regierung gab.



Biedermeierzeit

Viele Bürger fanden sich mit dieser Situation ab, sie waren an Politik nicht interessiert; Ruhe und Beschaulichkeit nach den langen Kriegsjahren waren ihnen wichtiger. Ihr Lebensstil, der ganz von häuslicher Bequemlichkeit geprägt war, wird bis heute als »Biedermeier« bezeichnet.

Anders jedoch sah die Stimmung an den Universitäten aus. Viele Studenten, noch ganz unter dem Eindruck der Befreiungskriege stehend, in denen sie gemeinsam für Deutschland gekämpft hatten, forderten die Errichtung eines deutschen Nationalstaates mit republikanischer Ordnung.

Karlsbader Beschlüsse

Als 1819 ein radikaler Student den fürstentreuen Staatsbeamten und Schriftsteller August Kotzebue ermordete, reagierten die Fürsten mit Versammlungsverboten, Pressezensur und polizeilicher Überwachung für alle, die sich gegen die Wiederherstellung der alten Ordnung wandten und für die Bildung eines Nationalstaats mit einer freiheitlichen Verfassung einsetzten. Mit den in Karlsbad getroffenen Beschlüssen hofften die Vertreter der alten Ordnung, jegliche demokratischen Bestrebungen bereits im Keim zu ersticken.

Hambacher Fest

Doch der Wunsch nach Freiheit ließ sich langfristig nicht unterdrücken. 1832 versammelten sich an die 30 000 Menschen auf dem Hambacher Schloss in der Pfalz, um unter den schwarz-rot-goldenen Fahnen, dem Banner der Befreiungskriege, die deutsche Republik zu fordern. Auch diese Bewegung, an der neben Studenten auch Handwerker und Bauern teilnahmen, scheiterte am harten Eingreifen der Obrigkeit. Dennoch kam es zu keiner Beruhigung der Lage, alles steuerte auf eine Revolution zu.

## 5 Die Revolution von 1848/49

Vormärz

Die unerfüllten Forderungen nach Freiheit und Mitbestimmung sowie eine durch Missernten, Hungersnöte und die beginnende Industrialisierung verschärfte soziale Lage hatten ein politisch aufgeheiztes Klima entstehen lassen. 1844 kam es in Schlesien zum Aufstand der Weber, der blutig niedergeschlagen wurde. Diese politisch und sozial angespannte Zeit wird auch als »Vormärz« bezeichnet, weil sich die Konflikte in der Märzrevolution 1848 entluden.

Als im Februar 1848 in Frankreich der König infolge revolutionärer Unruhen vertrieben wurde, griffen im März 1848 auch in Berlin, Wien und anderen deutschen Städten die Men-

Barrikadenkampf in Berlin 1848 (zeitgenössische Lithografie)

schen zu den Waffen, errichteten Barrikaden und forderten Presse- und Versammlungsfreiheit sowie die Berufung eines gesamtdeutschen Parlaments. Dabei kam es zu schweren Auseinandersetzungen zwischen den Demonstranten und den Regierungstruppen. Über die Wucht der Demonstrationen und Kämpfe erschrocken, erließen die Fürsten fast überall in Deutschland Verfassungen und versprachen Reformen. In der Paulskirche in Frankfurt trat im Mai 1848 nach den ersten freien Wahlen in Deutschland eine gesamtdeutsche Nationalversammlung zusammen, um über eine Verfassung, die zukünftige Staatsform und die Staatsgrenzen eines deutschen Nationalstaates zu beraten.

**Paulskirchenparlament**

| | | |
|---|---|---|
| kleindeutsch ↓ Deutschland ohne Österreich | oder | großdeutsch ↓ entweder mit Deutsch-Österreich oder mit Gesamt-Österreich |
| Monarchie (Erb- oder Wahlmonarchie) | oder | Republik |
| Einheitsstaat | oder | Bundesstaat |

Paulskirche in Frankfurt/Main

Die Abgeordneten entschieden sich für eine konstitutionelle Monarchie (s. S. 56f.) mit Grundrechten für alle Bürger, an deren Spitze der preußische König als deutscher Kaiser stehen sollte, allerdings ohne Österreich.

Während das Parlament in Frankfurt debattierte, waren die Fürsten entschlossen, den revolutionären Umtrieben gewaltsam ein Ende zu bereiten, nach dem Motto »Gegen Demokraten helfen nur Soldaten!« In Österreich unterdrückte das Militär bereits ab Herbst 1848 brutal alle Demokratisierungsbestrebungen. Der preußische König Friedrich Wilhelm IV. lehnte die ihm im April 1849 angebotene Kaiserkrone mit den Worten ab, sie sei mit dem »Ludergeruch der Revolution« behaftet. Die Revolution war damit gescheitert, denn ohne Unterstützung der Fürsten konnte die neue Verfassung nicht durchgesetzt werden.

Die Revolution scheitert

Ende Mai 1849 wurde die Nationalversammlung aufgelöst, viele Abgeordnete zogen sich resigniert zurück, auch die Bevölkerung war revolutionsmüde geworden. Es ereigneten sich noch vereinzelte regional begrenzte Aufstände, wie im Großherzogtum Baden, wo sich das Militär mit den Bürgern verbündete und der Großherzog fliehen musste. Aber das preußische Heer kam ihm zu Hilfe, nach wenigen Wochen mussten auch die Badener im Frühsommer 1849 kapitulieren.
Das Ende ihres Aufstandes war auch das Ende aller freiheitlichen Hoffnungen. Viele Revolutionäre flohen nach England und Amerika, andere wurden verhaftet; es kam zu Standgerichten und Massenerschießungen.

Der Deutsche Bund wurde in seiner ursprünglichen Form von 1815 wiederhergestellt und die vom Frankfurter Parlament beschlossenen Grundrechte aufgehoben.





## 6 Die industrielle Revolution

Bevölkerungsexplosion

Im 19. Jh. kam es dank Fortschritten in der Medizin sowie Neuerungen und Verbesserungen in der Landwirtschaft zu einer enormen Bevölkerungszunahme. Die rasch wachsende Bevölkerung musste ernährt werden und wollte Arbeit finden. So beschleunigte der Anstieg der Bevölkerung u. a. auch die Einführung neuer Techniken. Es entstanden arbeitsintensive Produktionsweisen, die der stetig steigenden Zahl von Menschen Arbeit verschafften. Damit wuchs auch die Zahl der Verbraucher. Zugleich ging ein Mentalitätswandel vor sich: Der Glaube an den Fortschritt, verbunden mit Risikobereitschaft, weckte unternehmerische Initiative und den Erfindergeist.

Industrialisierung in England und in Deutschland

Ausgangspunkt für die Industrialisierung war England, wo gegen Ende des 18. Jh. der Einsatz von Maschinen, wie die Spinnmaschine oder der mechanische Webstuhl in der Textilindustrie, das Arbeitsleben revolutionierte. Als eine Schlüsselerfindung gilt die Weiterentwicklung der Dampfmaschine durch James Watt 1769, die eine Massenproduktion verschie-

# Geschichte im Überblick: Wirtschafts- und Arbeitsformen in Europa seit 1000



**ZUNFTWIRTSCHAFT:** Vertreter eines Handwerks vereinigten sich im Mittelalter in Zünften. Deren Aufgaben bestanden in der Gewährleistung der Qualität der produzierten Waren, der Planung des Sortiments, der Überwachung der Arbeitszeiten und der Vermeidung von Konkurrenz zwischen den einzelnen Handwerkern, welche die wirtschaftliche Existenz gefährden konnte. Produziert wurde nach Bedarf und in Heimarbeit. Die Zunftwirtschaft trug einerseits Züge einer geplanten und damit unfreien Wirtschaft, andererseits war sie vom Willen zur Solidarität zwischen den einzelnen Zunftmitgliedern geprägt.

**MERKANTILISMUS:** Eine staatliche Wirtschaftspolitik, die auf die Stärkung der inländischen Wirtschaft und höhere Steuereinnahmen zielt. In Manufakturen produzierte hochwertige Waren sollen exportiert, Importe durch Schutzzölle verhindert werden.

**FRÜHKAPITALISMUS:** In der landwirtschaftlich geprägten Wirtschaft des Mittelalters war der Besitz von Grund und Boden entscheidend für die wirtschaftliche Stärke eines Menschen. Im Frühkapitalismus verloren Grund und Boden an Bedeutung. Kennzeichnend für diese Wirtschaftsform wurde der unternehmerisch handelnde bürgerliche Kaufmann. Er versucht, neue Geschäftsfelder für sich zu eröffnen und ist interessiert an möglichst hohen Gewinnen.

**KAPITALISMUS:** Wirtschaftsform, die geprägt ist vom Streben des Unternehmers nach maximalem Gewinn. Als Besitzer von Produktionsmitteln wie Fabriken und Geld versucht er, Produkte auf den Markt zu bringen, die erfolgreich die Bedürfnisse der Kunden befriedigen. Er befindet sich in Konkurrenz mit anderen Unternehmern. Die Produktion ist dem Prinzip von Preis, Angebot und Nachfrage unterworfen.

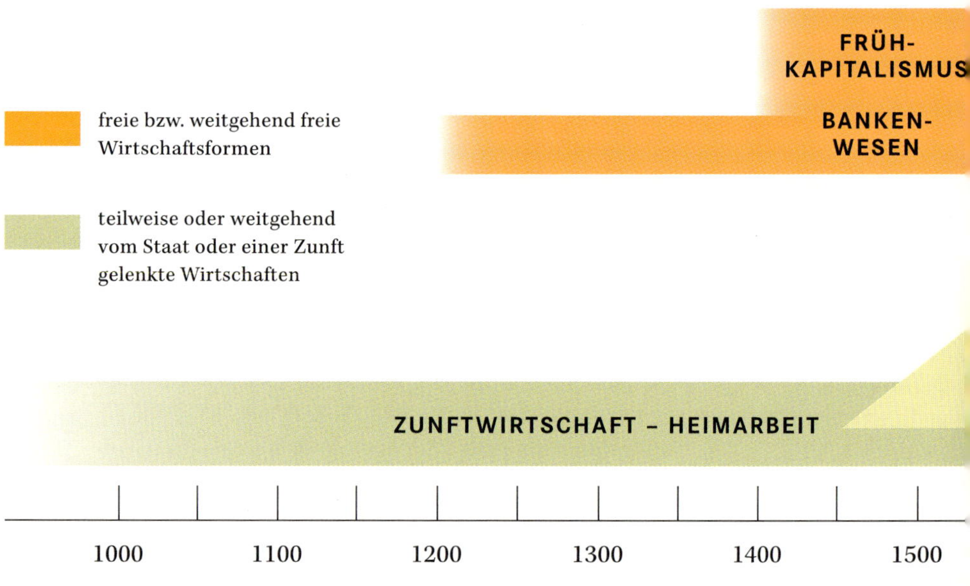

**SOZIALE MARKTWIRTSCHAFT:** Spielart des Kapitalismus. Während dieser in Reinform keinerlei Regeln unterworfen ist, versucht die soziale Marktwirtschaft wirtschaftliche Ungerechtigkeiten von vornherein zu vermeiden, zum Beispiel durch das Verbot von marktbeherrschenden Monopolen (Kartellen) oder sozialen Maßnahmen, mit denen wirtschaftlich Schwächeren ein menschenwürdiges Dasein garantiert wird.

**PLANWIRTSCHAFT:** Wirtschaftsform, die für die sozialistischen Länder seit der Oktoberrevolution von 1917 kennzeichnend ist. Merkmal ist, die Lehren Karl Marx befolgend: Abschaffung des Privatbesitzes von Produktionsmitteln wie Fabriken oder Maschinen. Was, in welcher Stückzahl und Qualität in welchem Zeitraum produziert wird, plant eine staatliche Behörde. Die Planwirtschaft kann daher nicht flexibel auf veränderte Wünsche der Kunden reagieren.

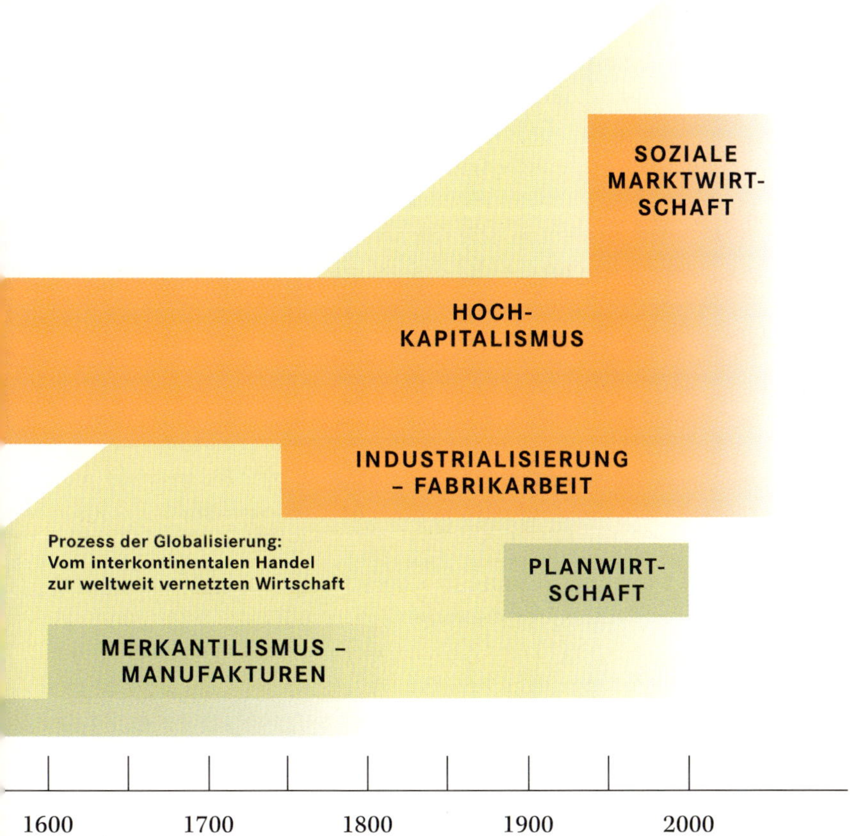

Blick in die Halle einer Papierfabrik (um 1850)



denster Waren ermöglichte. Die dadurch erzielte Produktivitätssteigerung führte zu hohen Gewinnen, die neu investiert wurden und dadurch die Produktion erneut ankurbelten.

Die Nachfrage nach Arbeitskräften stieg, weswegen viele verarmte Bauern in die Städte kamen, wo sie in Fabriken die Maschinen bedienten. Die massenhafte Landflucht führte zum raschen Wachstum der Städte. Hier allerdings mussten die Menschen in einfachsten Massenquartieren unter katastrophalen hygienischen Verhältnissen leben.
Der Wandel von einer agrarisch geprägten Gesellschaft zur Industriegesellschaft in so kurzer Zeit gilt als eine der größten Umwälzungen menschlicher Lebensverhältnisse seit der Sesshaftwerdung in der Jungsteinzeit (s. S. 8), weshalb man auch von der »industriellen Revolution« spricht.

Die Industrialisierung in Deutschland erfolgte zeitversetzt. Grund dafür waren die vielen Kleinstaaten mit ihren Handelsbeschränkungen und Zöllen sowie die Ständegesellschaft mit fehlenden persönlichen Freiheiten, die erst zu Beginn des 19. Jh. durch die Bauernbefreiung aufgehoben wurden. Eine Industrie kann sich aber nur entwickeln, wenn die Produkte überall schnell und billig verkauft werden können. Mit der Gründung des Deutschen Zollvereins 1833/34, einem Zusammenschluss von 18 deutschen Staaten, gelang es, ein einheitliches Zollgebiet zu gründen; damit war eines der größten Hindernisse für die Industrialisierung überwunden.

1835 erste Eisenbahn in Deutschland

Schrittmacher der Industrie in Deutschland wurde die Eisenbahn, deren Siegeszug 1835 mit der ersten Linie zwischen Nürnberg und Fürth begann. Bis zur Mitte des Jahrhunderts wurden die Eisenbahnstrecken systematisch ausgebaut. Sie ermöglichten bald einen schnellen und billigen Transport großer Mengen von Waren.
Der dadurch ausgelöste Bedarf an Eisen und Kohle sorgte für einen Wirtschaftsboom in der Schwerindustrie. Besonders in den Gebieten mit Kohlevorkommen, zum Beispiel im Ruhrgebiet, entstanden große Industriezentren.



## Beispiele für wichtige Entwicklungen aus Technik – Verkehr – Medien und Kommunikation

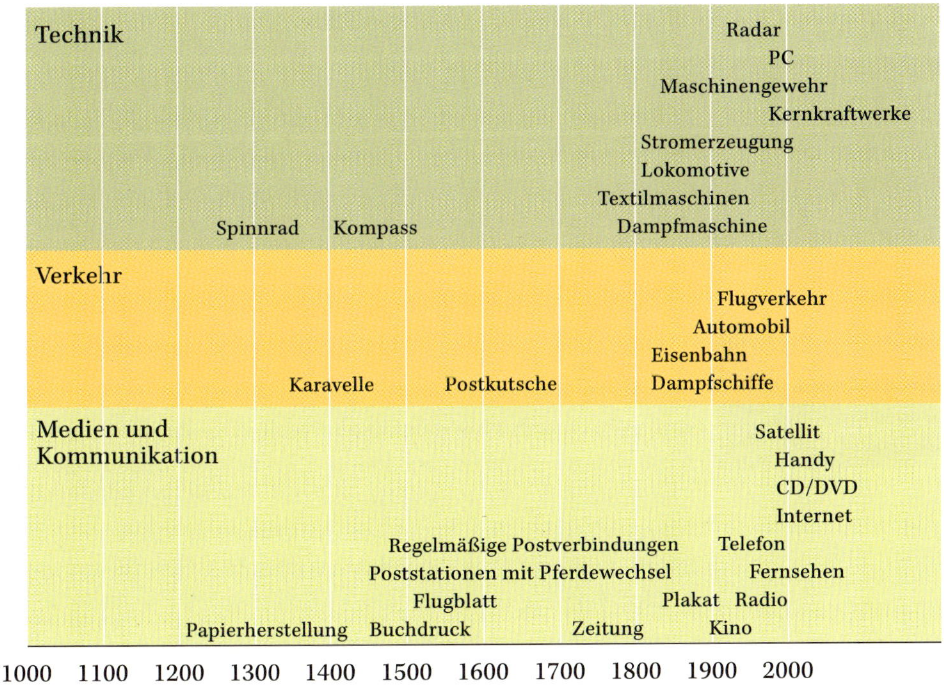

## Die soziale Frage

Bereits vor der Industrialisierung hatte die Bevölkerungsexplosion zu Massenarmut geführt. Die wohlhabenderen Bauern setzten neben neuen Pflanzen und Anbaumethoden verstärkt Maschinen ein. Die Bewirtschaftung im größeren Umfang erbrachte auch billigere Waren mit höherem Gewinn. Der Großteil der Bauern konnte sich jedoch die teuren Maschinen nicht leisten, musste seinen Besitz verkaufen und auf der Suche nach Arbeit in die Städte ziehen, wo sie in Mietskasernen auf engstem Raum wohnten.

Proletariat

Es bildete sich eine ganz neue gesellschaftliche Gruppe, die lohnabhängigen Fabrikarbeiter, auch Proletariat oder Arbeiterklasse genannt. Konkurrenz um die vorhandenen Arbeitsplätze, niedrige Löhne, überlange Arbeitszeiten, fehlende soziale Absicherung bei Krankheit oder Unfällen sowie Kinder- und Frauenarbeit verschärften das Elend der Fabrikarbeiter. In Fabrikordnungen waren die Pflichten der Arbeiterinnen und Arbeiter genau festgelegt, bei Verstoß drohte sofortige Entlassung.



Vorschläge zur Lösung des Elends des Proletariats, soziale Frage genannt, wurden aus ganz unterschiedlichen Motiven entwickelt. Da die Arbeiterschaft weder von den meisten Unternehmern noch vom Staat Unterstützung erhielt, begann sie, sich in Gewerkschaften und sozialistischen Parteien zu organisieren. 1875 kam es zur Gründung der »Sozialistischen Arbeiterpartei Deutschlands«, die 1890 in die »Sozialdemokratische Partei Deutschlands« umbenannt wurde.

Gewerkschaften/
Parteien

Karl Marx (1818–1883) und Friedrich Engels (1820–1895)

Karl Marx und Friedrich Engels fassten die Kritik an den bestehenden gesellschaftlichen Verhältnissen im »Kommunistischen Manifest« (1848) zusammen. Nach ihren Vorstellungen sollte durch eine gewaltsame weltweite Revolution der Kapitalismus gestürzt werden und im danach beginnenden Kommunismus die Produktionsmittel, z. B. Maschinen oder Fabrikgebäude, allen Menschen gemeinsam gehören.

Geistliche

Einen anderen Weg beschritten einzelne Geistliche, wie Adolph Kolping oder Wilhelm von Ketteler. Sie wollten aus christlicher Nächstenliebe das Los der Arbeiterschaft mildern und den zunehmenden sittlichen Verfall durch Alkoholismus, fehlende Schulbildung oder Prostitution verhindern. Die Kirchenmänner setzten sich für karitative Maßnahmen wie Armenhäuser sowie Ausbildungs- und Wohnstätten für Jugendliche ein.

Unternehmer

Viele Unternehmer wiederum sahen sich vermehrt durch Streiks bedroht. Einige von ihnen, wie Alfred Krupp, versuchten, den Arbeitern eigene Unterstützungen wie billige Wohnunterkünfte und Einkaufmöglichkeiten für Lebensmittel und Kleidung, zu gewähren und sie so stärker an sich zu binden.

Staatliche Sozialpolitik

Der Staat schließlich, der mit politischen Unruhen und sogar mit einer Revolution rechnete, suchte relativ spät nach einer Lösung der sozialen Frage. Die 1883 begründete staatliche Sozialpolitik mit Gesetzen zur Kranken-, Unfall- und Altersversicherung wurde Vorbild für die Sozialgesetzgebung in vielen europäischen Ländern.



## 7 Die Russische Revolution

In Russland übten seit langem die Zaren uneingeschränkt ihre weltliche und geistliche Herrschaft aus. Das Land blieb ein Agrarstaat, in dem nur zögerlich eine Industrialisierung stattfand. Erst 1861 wurde die Leibeigenschaft der Bauern aufgehoben. Immer wieder kam es zu Hungerepidemien. Parteien gab es nicht, die Zeitungen unterlagen einer strengen Zensur. 1905 kam es in St. Petersburg zu einer Protestaktion von über 200 000 Arbeitern, bei der Forderungen nach politischen Reformen und Verbesserung der Lebensbedingungen gestellt wurden. Das Militär beendete diese Demonstration mit Waffengewalt. Der Zar versprach zwar einige Verbesserungen, das neu geschaffene Parlament, die Duma, blieb jedoch weiterhin vom Zaren abhängig.

Lenin (1870–1924)

Die hohen Verluste im Ersten Weltkrieg und die schlechte Versorgungslage führten 1917 zu weiteren Revolutionen, aus denen die radikalen, kommunistischen Bolschewiki unter ihrem Führer Wladimir Iljitsch Uljanow, genannt Lenin, als Sieger hervorgingen. Seit seiner Studentenzeit hatte sich Lenin, der vor der zaristischen Geheimpolizei nach Zürich geflohen war, intensiv mit den Schriften von Karl Marx und Friedrich Engels befasst. Er war der Meinung, dass die sozialistische Revolution nicht nur in den industrialisierten, kapitalistischen Ländern möglich sei, sondern auch in einem weniger entwickelten Agrarland wie Russland. Nötig dazu sei allerdings eine straff organisierte Kaderpartei (»Partei neuen Typs«) unter Führung von Berufsrevolutionären.

### Februar- und Oktoberrevolution

Während 1905 das Militär auf die Demonstrierenden geschossen hatte, weigerte es sich im Februar 1917, dies zu tun; viele Soldaten schlossen sich den Arbeitern an. Die liberalen Abgeordneten zwangen den Zar zum Rücktritt, Russland wurde eine Republik. Die provisorisch gebildete Regierung hatte jedoch nicht die alleinige Macht. Während der Aufstandsbewegungen waren in vielen Städten Arbeiter- und Soldatenräte gebildet worden. Mit List und Gewalt verhinderte Lenin, dass die gemäßigten bürgerlichen Parteien Russland stabilisieren konnten und forderte alle Macht für die neu geschaffenen Räte (russisch: sowjety).



Im Oktober 1917 besetzten Bolschewiki alle wichtigen Einrichtungen in Sankt Petersburg, verhafteten die Mitglieder der provisorischen Regierung und riefen die sozialistische Sowjetrepublik aus. In mehreren Erlassen wurden – gemäß den Lehren des Marxismus – die Eigentumsverhältnisse umgestaltet, Industrie und Banken verstaatlicht und Privathandel verboten (s. S. 67). Unverzüglich bot der Rat den Kriegsgegnern Deutschland und Österreich-Ungarn Verhandlungen für einen sofortigen Friedensschluss an.

### Gründung der Sowjetunion

Anhänger des Zaren, bürgerliche Liberale und gemäßigte Sozialdemokraten versuchten, diese radikale sozialistische Umgestaltung zu verhindern. Nach einem äußerst brutal geführten dreijährigen Bürgerkrieg mit über 11 Millionen Toten, davon die meisten Hungertote, gelang es der »Roten Armee« unter Führung von Leo Trotzki, die Gegner auszuschalten. 1922 wurde die »Union der Sozialistischen Sowjetrepubliken« (UdSSR), die Sowjetunion, gegründet.

# Das Deutsche Reich
## (1871 – 1945)

Mit der Reichsgründung 1871 beginnt die Zeit des wirtschaftlichen und politischen Erstarkens des Deutschen Reichs zu einer europäischen Großmacht. Der Versuch Deutschlands, darüber hinaus zu einer Weltmacht aufzusteigen, war eine der Ursachen für den Ersten Weltkrieg (1914–1918). Wie auch der Zweite Weltkrieg (1939–1945) endete er für Deutschland mit einer Niederlage.

## 1 Das deutsche Kaiserreich

### Reichsgründung

Nach dem Scheitern der Revolution von 1848/49 blieb vor allem die Frage nach der nationalen Einheit Deutschlands bestehen. Dem preußischen Ministerpräsidenten Otto von Bismarck gelang es schließlich, Deutschland unter preußischer Vorherrschaft zu vereinen. So schuf Bismarck in Kriegen gegen Dänemark (1864) und Österreich (1866), das nach seiner Niederlage den Deutschen Bund verließ, die territorialen Voraussetzungen für die Gründung eines kleindeutschen Nationalstaates. Bismarck konnte die noch skeptischen süddeutschen Fürsten und Könige von einem gemeinsamen Kampf gegen Frankreich (1870/71) überzeugen und sie für die Idee der Gründung eines deutschen Kaiserreichs unter preußischer Vormacht gewinnen.

Am 18. Januar 1871 wurde im Spiegelsaal von Versailles bei Paris der preußische König Wilhelm I. zum deutschen Kaiser proklamiert. Das besiegte Frankreich musste Elsass-Lothringen abtreten und hohe Entschädigungen zahlen. Mit dieser Demütigung hatte die »Erbfeindschaft« zwischen Frankreich und Deutschland, die bis in die Zeit der Kriege Ludwigs XIV. und der Eroberungen Napoleons zurückreichte, einen Höhepunkt erreicht. Das Verhältnis zwischen beiden Staaten blieb bis nach dem Zweiten Weltkrieg schlecht.



Mit der Reichsgründung war Deutschland ein Nationalstaat geworden. Die erhofften politischen Freiheiten wurden aber nicht gewährt; die Verfassung von 1871 enthielt keine Garantie der Menschen- und Grundrechte. Das Parlament hatte nur geringe Einflussmöglichkeiten; Kaiser, Adel und Militär

Kaiserproklamation im Spiegelsaal von Versailles (1871) (Gemälde von Anton von Werner, 1877)

behielten die Oberhand. Andererseits garantierte die Verfassung den erwachsenen Männern das allgemeine, gleiche und geheime Wahlrecht.



**Parteien im Kaiserreich**

Die verschiedenen Parteien, die jetzt entstanden, spiegelten die Vielzahl von unterschiedlichen politischen Ansichten innerhalb der Gesellschaft wider. Während die Sozialistische Arbeiterpartei Deutschlands, die spätere SPD, die Monarchie ganz ablehnte, traten die liberalen Parteien, wie die Nationalliberalen und die Linksliberalen, vor allem für persönliche und wirtschaftliche Freiheitsrechte ein. Das Zentrum als katholische Partei orientierte sich an den Werten des Katholizismus. Die Konservativen zeigten sich ganz kaisertreu und wollten die demokratischen Mitwirkungsrechte der Bürger nicht ausgeweitet sehen.

**Militarismus und Obrigkeitsstaat**

Da das Kaiserreich auf der Grundlage von erfolgreich durchgeführten Kriegen errichtet worden war, besaß das Militär sehr großes Ansehen. Das öffentliche wie auch das private Leben wurde ganz nach militärischen Grundsätzen und Wertvorstellungen ausgerichtet. Wer eine Uniform trug, genoss besonderen Respekt.

Gehorsam gegenüber Autoritäten – und handelte es sich dabei auch nur um den Dorfpolizisten oder den Postbeamten – war von großer Wichtigkeit, weswegen man auch von einem »Obrigkeitsstaat« spricht.

»Reichsfeinde«

Wer nicht kaisertreu war, nicht den gesteigerten Patriotismus teilte und sich kritisch gegenüber den politischen oder gesellschaftlichen Gegebenheiten des Kaiserreichs äußerte, galt vielen Menschen als »Reichsfeind«.

Sozialistengesetz

Dies traf z. B. für die Arbeiterschaft zu, die eine grundlegende demokratische Umgestaltung der Gesellschaft wollte. Das »Sozialistengesetz« (»Gesetz wider die gemeingefährlichen Bestrebungen der Sozialdemokratie«, 1878) sollte die Arbeit der Sozialdemokratischen Partei wirkungslos machen. Sozialdemokratische Zeitungen und Broschüren wurden zensiert und Sozialdemokraten als »vaterlandslose Gesellen« beschimpft; die Partei selbst erhielt kein Verbot und entwickelte sich am Ende des Kaiserreichs zur stärksten Partei im Reichstag.

»Kulturkampf«

Auch die Katholiken galten anfangs als »Reichsfeinde«, weil sie sich nicht nur der Autorität des Staates, sondern auch der Kirche verpflichtet fühlten. Im »Kulturkampf« ging Bismarck gegen den kirchlichen Einfluss in Schule und Gesellschaft vor. Priester durften nicht mehr über politische Themen predigen, Ehen mussten durch das Standesamt beurkundet werden, die Schulaufsicht wurde den Kirchen entzogen und dem Staat übertragen.



Ausgrenzung nationaler Minderheiten und Juden

Zudem waren nationale Minderheiten wie Polen im Osten und Elsässer im Westen des Reichs lange Zeit harten Verfolgungen und Schikanen ausgesetzt. Die jüdische Bevölkerung hatte bereits im Kaiserreich mit starkem Antisemitismus zu kämpfen. Antisemitismus bezeichnet eine biologisch, religiös und sozial begründete Judenfeindschaft und wendet sich gegen die politische und soziale Gleichstellung der jüdischen Bevölkerung.

# 2 Imperialismus und Erster Weltkrieg

### Die Epoche des Imperialismus

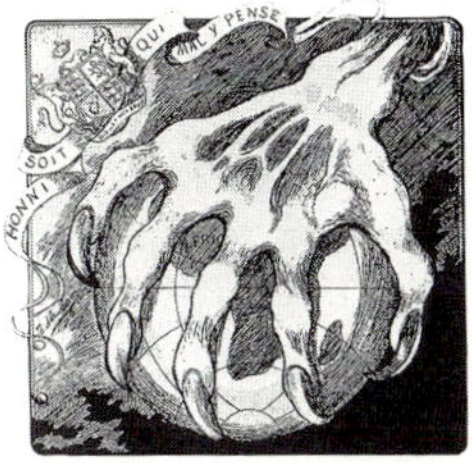

Großbritanniens Hand umfasst den Erdball (französische Karikatur, 1898)

Die Suche nach Rohstoffen und Absatzmärkten, aber auch ein Gefühl der Überlegenheit der europäischen Kultur und der weißen »Rasse« führten dazu, dass die europäischen Mächte große Gebiete Afrikas und Asiens zu gewinnen suchten und in einen regelrechten Wettlauf um das Streben nach wirtschaftlicher und militärischer Vorherrschaft (Imperialismus) gerieten. Unter dem Motto: »Ein Platz an der Sonne« beteiligte sich auch Deutschland an dem Wettlauf um überseeischen Besitz. Seine größten Besitzungen erwarb das Deutsche Reich in Deutsch-Ostafrika (heute Tansania) und Deutsch-Südwestafrika (heute Namibia). Als sich die dort lebenden Hereros und Nama gegen die Unterdrückung und Ausbeutung durch die deutschen Herren wehrten, schlugen die deutschen Kolonialtruppen den Aufstand brutal nieder. Viele Aufständische wurden in die Wüste getrieben, wo die meisten von ihnen verdursteten.

### »Neuer Kurs«

Bismarcks Ziel war es gewesen, das Deutsche Reich mithilfe eines Systems von Bündnissen mit anderen Staaten zu sichern und den Frieden in Europa zu erhalten. Mit der Entlassung Bismarcks 1890 änderte sich aber die Außenpolitik. Die durch die Rivalität der europäischen Staaten um Gebiete in Afrika und Asien ohnehin schon angespannte Lage verschärfte sich unter der Regentschaft Kaiser Wilhelms II. (1888–1918). Der Monarch propagierte einen »Neuen Kurs«, der zu einem Wettrüsten in Europa und zu einer Isolation des Deutschen Reichs führte, weil sich viele deutschlandfeindliche Staaten verbündet hatten.

»Am deutschen Wesen soll die Welt genesen« galt bald als Leitspruch der Politik Wilhelms II. und seiner nationalistischen Weltmachtphantasien. Vor allem die Flotte wurde verstärkt, sollte sie doch einerseits die Ziele der Kolonialpolitik unterstützen, andererseits Deutschlands Stellung in der Weltpolitik deutlich machen.

Erster Weltkrieg

In Europa hatten sich zwei hoch gerüstete Blöcke gebildet. Deutschland und Österreich-Ungarn standen Großbritannien, Russland und Frankreich gegenüber. Jeder Konflikt unter ihnen drohte in einen europäischen Krieg zu münden. Die Nationalitätenkonflikte auf dem Balkan verschärften die Lage zusätzlich. Als im Juni 1914 in Sarajewo das österreichische Thronfolgerpaar von einem nationalistischen Serben ermordet wurde und Österreich am 28. Juli Serbien den Krieg erklärte, löste dies aufgrund der herrschenden Bündnisse ab dem 1. August 1914 eine Kettenreaktion der Kriegserklärungen zwischen Deutschland, Russland, England und Frankreich aus. »In Europa gehen die Lichter aus«, so prophezeihte der britische Außenminister.

Von der Begeisterung zur Ernüchterung

Im Sommer 1914 zogen Hunderttausende von Freiwilligen mit flotten Sprüchen wie »Ausflug nach Paris« und großer Begeisterung in einen Krieg, von dessen Brutalität und Grausamkeit sie sich keine Vorstellungen machen konnten. Die Ernüchterung stellte sich bald ein. Es kam vor allem in Frankreich zu mörderischen Materialschlachten und einem Stellungskrieg, bei dem keine Seite große Gewinne verzeichnen konnte, hunderttausende Soldaten aber für geringe Geländegewinne verheizt wurden. »Im Westen nichts Neues«, so lauteten jahrelang die Frontberichte. Die Armeen nutzten die modernsten Waffentechniken, unter anderem kamen Flugzeuge, Panzer, Flammenwerfer und Giftgas zum Einsatz. Die Schlacht um die Festung Verdun 1916 wurde zum Symbol dieses sinnlosen maschinellen und massenhaften Tötens.
Aber nicht nur an der Front, auch in der Heimat hinterließ der Krieg seine Spuren. Überall fehlten Arbeitskräfte, die

Wirtschaft war fast ausschließlich auf den Krieg ausgerichtet, Einschränkungen, Hunger und Not waren dramatisch spürbar.
1917 zeichnete sich die Wende ab. Russland, durch innenpolitische Probleme geschwächt, wollte Frieden (s. S. 71ff.). Der Krieg wurde durch den Eintritt der wirtschaftlich und militärisch überlegenen USA am 6. April 1917 zugunsten der Westalliierten entschieden. Die deutsche Front im Westen brach zusammen. Am 11. November 1918 wurde ein Waffenstillstand unterschrieben. Neun Millionen Menschen hatten bei Kriegsende 1918 ihr Leben verloren. Schätzungen zufolge soll es 20 Millionen verwundete Soldaten und über sieben Millionen zivile Opfer gegeben haben.

## 3 Die Weimarer Republik

Die erste deutsche Demokratie hatte einen schweren Start, wurde sie doch aus der Niederlage des Ersten Weltkriegs heraus geboren. Jahrelang hatte die Oberste Heeresleitung (OHL) unter den Generälen Ludendorff und Hindenburg die Öffentlichkeit über den wahren Stand an der Front im Unklaren gelassen. Hinzu kam, dass sich der Krieg nicht auf deutschem Boden abgespielt hatte und die Bevölkerung trotz der Hungerwinter und der vielen Gefallenenmeldungen nur zu gerne glauben wollte, der Sieg sei nur eine Frage der Zeit. Als jedoch im September 1918 die deutsche Niederlage unmittelbar bevorstand, wollten die Militärs nicht für sie verantwortlich gemacht werden. Sie bedrängten daher den Kaiser, das Reich in eine parlamentarische Monarchie umzuwandeln und damit der Parlamentsmehrheit die Verantwortung zu übergeben. Der Plan dieser »alten Eliten«, wie Adel und Militärs auch genannt wurden, war es also, die Sozialdemokraten einen Friedensvertrag unterschreiben zu lassen, der für Deutschland mit großen Belastungen verbunden sein würde, um danach unbeschadet an die Macht zurückzukehren.

Oberer Teil eines Wahlplakats der Deutschnationalen Volkspartei mit Verweis auf die »Dolchstoßlegende«

Das deutsche Heer indessen begann Auflösungserscheinungen zu zeigen, weil die Soldaten selbst die Sinnlosigkeit des Kampfes erkannten. Ganze Truppenteile legten die Waffen nieder und machten sich auf den Heimweg. Propagandistisch machte die OHL daraus die »Dolchstoßlegende«: Das Heer sei »im Felde unbesiegt« geblieben, aber sozialistische und kommunistische Ideen hätten von der Heimat aus dem Heer den Dolch feige in den Rücken gestoßen. Dies war eine glatte Lüge, entscheidend wurde jedoch, dass viele Deutsche diese Idee aufnahmen und der Sozialdemokratie die Schuld an der Niederlage gaben.

### Novemberrevolution

Die Ereignisse überschlugen sich. Ende Oktober 1918 setzten meuternde Soldaten in Kiel eine Revolution in Gang, die am 9. November 1918 auch Berlin erreichte. Überall im Reich wurden Arbeiter- und Soldatenräte gebildet, die faktisch die Macht im Land übernahmen. Reichskanzler Max von Baden wusste, dass die Alliierten nur mit einem demokratischen, nicht aber mit einem monarchischen Deutschland Frieden schließen würden, und gab ohne Wissen und Zustimmung Kaiser Wilhelms II. dessen Abdankung bekannt. Der Monarch fügte sich und begab sich ins Exil in die Niederlande.

Abdankung des Kaisers



Friedrich Ebert Reichskanzler

Max von Baden trat ebenfalls zurück und erklärte Friedrich Ebert (SPD) zum neuen Reichskanzler; damit hatte Deutschland erstmals einen sozialdemokratischen Regierungschef. Um ein Abgleiten ins Chaos zu verhindern, verkündete am selben Tag der Sozialdemokrat Philipp Scheidemann die »Deutsche Republik«. Nur zwei Stunden später rief der Sozialist Karl Liebknecht die »Freie sozialistische Republik Deutschland«, eine Räterepublik nach sozialistischem Vorbild, aus. Es kam zu erbitterten Straßenkämpfen der gegnerischen Parteien. Kampfeswillige gab es genug, strömten doch immer mehr Frontsoldaten, die sogenannte »Freikorps« bildeten, zurück ins Reich. Zwei Tage nach der Ausrufung der Republik, am 11. November 1918, konnte endlich der Waffenstillstand unterzeichnet werden.

Deutschland wird Republik

Indes nahm Wilhelm Groener, ein Mitglied der OHL, Kontakt zu Ebert auf. Im Kampf gegen die Linken bot Groener die Unterstützung der Reichswehr gegen die Sozialisten an. Ebert stimmte zu, und so gelang es, die Kämpfe zugunsten der Anhänger einer parlamentarischen Demokratie zu entscheiden, für die sich die überwältigende Mehrheit der Delegierten auf dem Rätekongress ausgesprochen hatten, der Ende Dezember 1918 in Berlin tagte.

## Die Weimarer Verfassung

Am 19. Januar 1919 fanden in Deutschland die Wahlen zur Nationalversammlung statt. Erstmals waren auch Frauen stimmberechtigt und konnten als Abgeordnete gewählt werden. Die wichtigste Aufgabe der Nationalversammlung war die Erarbeitung einer Verfassung. Bedingt durch die unruhige Lage in Berlin, zog sich die Nationalversammlung nach Weimar zurück. Daher wird der neue Staat von Historikern auch »Weimarer Republik« genannt.

Grund- und Menschenrechte

Erstmals wurden nun in einer gesamtdeutschen Verfassung umfassende Grund- und Menschenrechte, wie Meinungsfreiheit, Unverletzlichkeit der Wohnung und Briefgeheimnis, verankert und verwirklicht. Eine Besonderheit war die starke Stellung des Reichspräsidenten als Staatsoberhaupt: Er ernannte und entließ den Reichkanzler und konnte nach Artikel 25 unter bestimmten Umständen den Reichstag auflösen und Neuwahlen festsetzen. Außerdem war es ihm möglich, gemäß Artikel 48 sogenannte »Notverordnungen« zu erlassen, die ebenfalls Gesetzeskraft besaßen, wenn eine Regierung keine parlamentarische Mehrheit fand. Der Reichstag konnte dagegen zwar sein Veto einlegen, doch dann drohte ihm wiederum die Auflösung. Aufgrund dieser starken Stellung bezeichnete man den Reichspräsidenten auch als »Ersatzkaiser«.

»Notverordnungen«

## Der Friedensvertrag von Versailles

Die größte Belastung für die junge Republik jedoch stellte der Friedensvertrag von Versailles (1919) dar. Er beinhaltete große Gebietsabtretungen: Das Reich musste weite Teile Westpreußens und Vorpommerns an Polen abgeben, Elsass-Lothringen fiel an Frankreich zurück, Teile Schleswigs an Dänemark (siehe Karte Umschlag hinten). Das Gebiet westlich des Rheins wurde entmilitarisiert und das Heer durfte nicht mehr als 100 000 Mann stark sein. Deutschland musste Demontagen seiner Industrie erdulden und große Reparationen an die Siegermächte leisten.

Am schwersten wog jedoch, dass im Versailler Vertrag Deutschland die alleinige Schuld am Ausbruch des Kriegs gegeben wurde.

Während der Zeit der Weimarer Republik galt über alle Parteien hinweg, dass es zu einer Revision und Abschaffung des »Schanddiktats von Versailles« kommen müsse, wie der Friedensvertrag von vielen Zeitgenossen genannt wurde. Dass der Vertrag auch viele nachvollziehbare und »milde« Elemente enthielt, wurde übersehen: So war die Höhe der Reparationszahlungen nicht festgelegt worden, künftige Konferenzen sollten hier eine Lösung finden (1932 wurden das Ende der Zahlungen vereinbart). Deutschland blieb als mächtiger Staat in der Mitte Europas bestehen – es blieb eine »potentielle Großmacht«. Diese Punkte wurden aber nicht wahrgenommen.

## Krisenjahre

Von 1919 bis 1923 musste sich die junge Republik vieler Krisen und Umsturzversuche erwehren. Zunächst richtete sich die politisch motivierte Gewalt gegen Anhänger des Rätesystems, dann vorrangig gegen Regierungsvertreter. Sie wurden oft als »Novemberverbrecher« und als die wahren Verantwortlichen für Waffenstillstand und Versailler Vertrag bezeichnet. Dies widersprach zwar den Tatsachen, stieß aber auf breite Zustimmung in der Bevölkerung.
Kommunistische wie rechtsradikale Gruppen versuchten, die Demokratie zu beseitigen. Die Reichswehr unterstützte die Regierung gegen alle Umsturzversuche von links. Als jedoch 1920 beim Kapp-Putsch rechte Freikorps die Regierung stürzen wollten, weigerte sich die Armee mit der Begründung »Reichswehr schießt nicht auf Reichswehr« einzugreifen. Erst ein Generalstreik brachte den Aufstand zum Erliegen.



## Inflation und Währungsreform

Der Erste Weltkrieg brachte auch einen weitgehenden Wertverlust der Reichsmark mit sich; als der Krieg zu Ende war, hatte sie die Hälfte des Wertes von 1914 verloren. Um ihre Ausgaben finanzieren zu können, druckte die Regierung Geld, für das allerdings kein wirtschaftlicher Gegenwert vorhanden war. Als französische und belgische Truppen wegen ausstehender Reparationszahlungen das Ruhrgebiet besetzten, reagierten Arbeiter, Angestellte und Beamte mit einem Generalstreik. Die Reichsregierung unterstützte die Streikenden mit Milliardenbeträgen. Doch je mehr Geld gedruckt wurde, desto mehr büßte es an Wert ein. Dieser Prozess beschleunigte sich. So kam es zur Hyperinflation: Im Herbst 1923 kauften die Menschen gleich nach Auszahlung ihres Lohnes, den sie täglich bekamen, Lebensmittel für Milliardenbeträge, weil diese eine halbe Stunde später noch teurer wurden. Im November kostete ein Dollar 4,2 Billionen Reichsmark. Auf diese Weise wurden sämtliche Barwerte vernichtet. Lediglich Grundbesitz verlor nicht an Wert. Nachdem die Reichsregierung die »Rentenmark« als neue Währung eingeführt hatte, war die Grundlage für den nachfolgenden kurzen Wirtschaftsaufschwung gelegt.

Geldschein aus der Inflationszeit

### Putschversuche

Auch 1923 zeigte sich die instabile Lage in voller Schärfe: In Sachsen und Thüringen rebellierten kommunistische Kräfte. Durch einen Putschversuch gegen die Reichsregierung wollte Adolf Hitler (1889–1945) am 9. November 1923 auf sich aufmerksam machen. Er startete mit Gesinnungsgenossen von München aus einen »Marsch auf Berlin«. Das Vorhaben scheiterte aber bereits vor der Münchner Feldherrnhalle im Kugelhagel der Polizei. Hitler überlebte verletzt und wurde zu fünf Jahren Festungshaft verurteilt; nach nur neun Monaten wegen guter Führung entlassen.
Das geringe Strafmaß für Hitler und die übrigen Beteiligten war ein weiterer Beweis dafür, dass die Justiz »auf dem rechten Auge blind war«, wie es damals hieß. Im Gegensatz zu linksradikalen Delikten wurden nur wenige rechtsradikale Vergehen strafrechtlich verfolgt.

## Außenpolitik

Neben den positiven Auswirkungen der Währungsreform und den Krediten, die die USA gewährten, sowie einer deutlichen Verringerung der Reparationsforderungen, lagen die Gründe für die Stabilisierung Deutschlands auch auf außenpolitischem Gebiet: Deutschland vereinbarte 1922 im Vertrag von Rapallo eine engere Zusammenarbeit mit der Sowjetunion. Auf diese Weise gewann Deutschland einen neuen Partner und weitergehende Spielräume.

Aristide Briand (links) und Gustav Stresemann

Noch wichtiger wurde der Vertrag von Locarno, der geradezu einer Sensation gleichkam: 1925 kamen die »Erzfeinde« Deutschland und Frankreich nach Verhandlungen zwischen den Außenministern Gustav Stresemann und Aristide Briand überein, auf eine gewaltsame Veränderung der im Versailler Vertrag festgelegten gemeinsamen Grenzen zu verzichten. Mit der Tschechoslowakei und Polen wurden Verträge geschlossen, um Streitfragen auf friedliche Weise zu lösen. Aufgrund dieser Politik der Annäherung wurde Deutschland 1926 in den Völkerbund, den Vorläufer der Vereinten Nationen, aufgenommen und nicht länger als Feindstaat angesehen. Briand und Stresemann erhielten 1926 den Friedensnobelpreis.

## Die »Goldenen Zwanziger Jahre«

Kultur
Sozialpolitik

Wenngleich es viele Republikgegner gab, schien die Demokratie von den Bürgern zwar noch immer nicht geliebt, aber zumindest doch akzeptiert zu werden. Bald sprach man von den »Goldenen Zwanziger Jahren«: Berlin galt als die modernste Großstadt Europas, der Potsdamer Platz als der verkehrsreichste Platz des Kontinents. Architekten, Maler, Regisseure gingen ganz neue Wege. Kino und Rundfunk als moderne Massenkommunikationsmittel fesselten das Publikum. Revuen und Tanzvarietés zeigten mehr weibliche Reize, als es konservativen Beobachtern lieb sein konnte. Die Jugend war fasziniert vom »American Way of life«, von Charleston, Kaugummi und der »Schwarzen Venus« Josephine Baker, einer Revuetänzerin, deren Auftritte Berlin regelrecht in Aufruhr versetzten. Es fehlte aber auch nicht an lauter Kritik derer, die sich die »guten alten Zeiten« zurückwünschten.



Potsdamer Platz (1929)

Der Staat erließ zahlreiche Gesetze, die eine soziale Verbesserung für ihre Bürger vorsahen. 1926 wurde die Arbeitslosenversicherung eingeführt und der soziale Wohnungsbau verstärkt gefördert.

## Die Weltwirtschaftskrise

Beendet wurden die Jahre der relativen wirtschaftlichen Stabilisierung durch eine Krise, von der sich Deutschland politisch nicht mehr erholen sollte: An der New Yorker Wall Street stürzten die Kurse im Oktober 1929 ins Bodenlose. Die Krise weitete sich zur Weltwirtschaftskrise aus, von der auch Deutschland schwer in Mitleidenschaft gezogen wurde. Amerikanische Kredite hatten den Aufschwung der deutschen Wirtschaft ermöglicht. Die amerikanischen Banken brauchten nun dringend Geld und kündigten diese Kredite, die sie den europäischen Banken gewährt hatten. Damit verloren die Unternehmer ihr Kapital. Sehr schnell kam es zu Massenentlassungen; bis 1932 war ein Drittel der arbeitsfähigen Bevölkerung arbeitslos und lebte in bitterster Not. Die Wirtschafts- und Sozialkrise führte dazu, dass sich viele Bürger den radikalen Parteien zuwandten, vor allem der NSDAP und der KPD.



## Die Präsidialkabinette

**Kabinett Brüning**
März 1930 bis
Mai 1932

**Kabinett von Papen**
Juni bis
November 1932

**Kabinett von Schleicher**
Dezember 1932 bis
Januar 1933

Im März 1930 scheiterte die Koalition der demokratischen Parteien am Streit über die Erhöhung der Arbeitslosenversicherung. Damit begann die Zeit der Präsidialkabinette, d. h. von Regierungen, die nicht vom Parlament gewählt wurden, sondern vom Vertrauen des Reichspräsidenten abhängig waren.
Nun kam es sehr darauf an, wer den greisen Reichspräsidenten beriet. Es waren konservative Männer, die seine Abneigungen und Ziele teilten: Sie waren gegen die parlamentarische Demokratie, erstrebten die Rückkehr zum autoritären System des Kaiserreichs und wollten vor allem KPD und SPD von allen politischen Entscheidungen fernhalten.
Zunächst wurde der Zentrumspolitiker Heinrich Brüning von Hindenburg zum neuen Reichskanzler ernannt. Brüning regierte mithilfe von Notverordnungen, die der Reichspräsident nach Artikel 48 erließ. Sobald der Reichstag mit einem Veto aufbegehrte, wie dies im Sommer 1930 der Fall war, reagierte

Hindenburg mit Parlamentsauflösung und Neuwahlen. Und die wiederum brachten den radikalen Parteien großen Zulauf: Hitlers Nationalsozialistische Deutsche Arbeiterpartei wuchs von 12 auf 107 Sitze im Reichstag an. Brünings Sparpolitik verhinderte zwar eine neue Inflation, verschärfte die Wirtschaftskrise aber weiter.
Nach Brünings Entlassung 1932 folgten in kurzer Abfolge mehrere Reichskanzler, die mit ihren Maßnahmen die immer stärker werdende Radikalisierung nicht aufhalten konnten. Die NSDAP arbeitete nicht nur mit aggressiver Propaganda, sondern auch mit Einschüchterung und Gewalt insbesondere gegenüber Sozialdemokraten und Kommunisten; dabei schreckten sie nicht vor Mord und Totschlag zurück. Die Neuwahlen vom Juli 1932 machten die NSDAP erstmals zur stärksten Fraktion: 37 % der Wähler entschieden sich für Hitlers Partei.

Hitler wird Reichskanzler – Ende der Weimarer Republik



Bereits im Sommer 1932 wurde Hitler bei Hindenburg vorstellig und forderte, ihn zum Reichskanzler zu ernennen, da er die stärkste Partei vertrete. Aber der adlige General verabscheute den bürgerlichen Emporkömmling, nannte ihn abfällig den »böhmischen Gefreiten« und weigerte sich, ihn zu ernennen. Schließlich wurde der Plan von Hindenburgs Beratern, Hitler zum Reichskanzler zu ernennen und seine Wählerbasis auszunutzen, die Regierung jedoch mehrheitlich mit konservativen Ministern zu bilden, umgesetzt. Sie glaubten, Hitler zähmen und zugleich ihre Ziele umsetzen zu können. Am 30. Januar 1933 erfolgte die Ernennung Adolf Hitlers zum Reichskanzler.
Von Papen verkündete triumphierend: »In vier Wochen haben wir Herrn Hitler in der Ecke, dass er quietscht!« – eine der gravierendsten Fehleinschätzungen der Weltgeschichte!

Der »Tag von Potsdam« (21. März 1933) Reichskanzler Hitler und Reichspräsident Hindenburg reichen sich feierlich die Hand.

## 4 Nationalsozialismus und Zweiter Weltkrieg

Die wenigsten Zeitgenossen hatten geglaubt, dass dieser »Herr Hitler« jemals eine gewichtige Rolle würde spielen können. Adolf Hitler wurde am 20. April 1889 in der österreichischen Grenzstadt Braunau am Inn geboren. 1919 gründete er die NSDAP (»Nationalsozialistische Deutsche Arbeiterpartei«), die nach seinem Putschversuch von 1923 (s. S. 83) zwar verboten, nach Hitlers Haftentlassung bald aber wieder zugelassen wurde. Hitler beschloss, fortan zu versuchen, die Macht »legal«, also durch Wahlerfolge seiner Partei, zu erlangen, um danach die Demokratie zu beseitigen. Lange schien dies utopisch, ehe die Weltwirtschaftkrise und die Wahlen 1930 die NSDAP zu einer ernst zu nehmenden politischen Kraft machten.

**Die NS-Ideologie**
- Nationalismus
- Sozialdarwinismus
- Rassismus

Die nationalsozialistische Ideologie wies viele Parallelen zu anderen Ideen des »Faschismus« auf, der damals in Europa weit verbreitet war. Gemeinsam waren allen diesen Diktaturen ein überzogener Nationalismus sowie antidemokratisches Gedankengut, das keine anderen Meinungen respektierte.

Hitler verstärkte diese Ideen mit seiner radikalen Rassenideologie: Als Motor der Geschichte sah er den »Rassenkampf«. Jede Rasse kämpfe um ihr Überleben. Wie im Tierreich gebe es auch beim Menschen Rassenunterschiede. Die Übertragung tierischen Verhaltens auf den Menschen verfälschte die Theorie von Charles Darwin. Dieser hatte im 19. Jh. gelehrt, die Tiere hätten sich in einem langen Prozess entwickelt, anstatt in einem Schöpfungsprozess von einem Gott erschaffen worden zu sein. Dabei hätten die am besten an ihre Umwelt angepassten Tiere überlebt. Den Sozialdarwinismus, der sich auf Darwin beruft, von diesem aber nicht vertreten wurde, kennzeichnet die These, alle Völker und Menschen würden sich in einem dauerhaften Kampf ums Überleben befinden. Die Nationalsozialisten teilten die Menschen in höchst ungleiche Rassen ein. Die »wertvollste« Rasse sei, laut Nationalsozialisten, die germanische oder »arische«, dagegen seien die slawischen Völker Osteuropas und die Juden als »wertlos« einzustufen.

Antisemitismus

Der Antisemitismus war in ganz Europa zwar schon lange vorhanden und weit verbreitet. Die Nationalsozialisten steigerten ihn jedoch in erheblichem Maße. Schon das Parteiprogramm des Jahres 1920 sah vor, alle Juden aus dem deutschen Volk auszuschließen und ihnen die Staatsbürgerschaft zu entziehen.

In Hitlers Vorstellungen vereinten sich jüdische Kapitalisten in den USA und kommunistische Juden in der Sowjetunion zu einer »Weltverschwörung«, die plante, die Arier zu vernichten. Für einen solchen Kampf müsse das Volk unter einem starken Führer geeint werden. Das »Führerprinzip« verlangte unbedingte Unterordnung des Einzelnen und die Abschaffung der Demokratie.

Direkt aus dem rassistischen Denken leiteten sich weitere Konsequenzen ab: Die Nationalsozialisten bezeichneten beispielsweise Behinderte, psychisch oder an Erbkrankheiten leidende Menschen als »lebensunwertes Leben« und planten deren Vernichtung. Zwar führten Proteste aus Teilen der Kirche dazu, dass das Euthanasie-Programm gestoppt wurde; dennoch fielen ihm an die 120 000 Menschen zum Opfer.



Lebensraumpolitik

Die nationalsozialistische Ideologie leitete aus der angeblichen Überlegenheit der »arischen« Rasse auch die »Lebensraum-Politik« ab: Da es dem deutschen Volk an Raum mangele – eine These, die jeder sachlichen Grundlage entbehrte –, habe es das Recht, Lebensraum im Osten Europas zu erobern. Die nachfolgenden Kriege gegen Polen und die Sowjetunion gründeten auf dieser Ideologie.

## Errichtung der Diktatur

Unmittelbar nach seiner Ernennung zum Reichskanzler ließ Hitler mithilfe einer präsidialen Notverordnung den Reichstag auflösen und Neuwahlen ausrufen. Damit hatte er seine frühere Zusage an die Konservativen, die fürchteten, bei einem neuerlichen Wahlgang viele Stimmen an die NSDAP zu verlieren, gebrochen. Wenige Tage nach der Reichstagsauflösung schränkte eine weitere Notverordnung die Pressefreiheit und die Versammlungsfreiheit ein.

Ende Februar 1933 brannte das Reichstagsgebäude unter Umständen, die noch heute nicht geklärt sind. Die Nationalsozialisten beschuldigten einen Kommunisten der Brandstiftung und nutzten die Gelegenheit, um mithilfe einer weiteren Notverordnung (»Reichstagsbrandverordnung«) die Grundrechte der Weimarer Verfassung außer Kraft zu setzen. Sie begründeten diese Maßnahme damit, dass sie den Staat vor den Kommunisten schützen müssten.

Beseitigung der Grundrechte

Bis März 1933 wurden 10 000 Gewerkschafter, Sozialdemokraten und Kommunisten verhaftet. Der Wahlkampf war geprägt von der Einschüchterung und dem Straßenterror der nationalsozialistischen Schlägertrupps. Dennoch erreichte Hitler bei den Wahlen am 5. März 1933 nicht die absolute Mehrheit. Er aber wollte seinen Plan umsetzen, die Verfassung zu ändern und das Recht der Gesetzgebung auf seine Regierung zu übertragen.

Wahlen vom 5. März 1933

## Das »Ermächtigungsgesetz«

Ende März gelang Hitler der entscheidende Schlag gegen den Reichstag. Viele Politiker waren bereits verhaftet, die noch aktiven Oppositionellen wurden von den Nationalsozialisten bedroht oder eingeschüchtert. Aus Furcht vor einem Parteiverbot stimmten alle Parteien außer der SPD dem »Ermächtigungsgesetz« zu: Es ermächtigte die Reichsregierung, auch ohne den Reichstag Gesetze zu erlassen. Auf diese Weise hatte Hitler diktatorische Befugnisse erhalten. Mit dieser Machtbefugnis konnte er Ende März die Länderparlamente auflösen und Anfang April Reichsstatthalter einsetzen. Die Machtkontrolle durch die Länder war so ausgeschaltet. Im Juni 1933 wurde die SPD verboten, die bürgerlichen Parteien lösten sich kurz danach selbst auf, da sie hofften, dass eine Selbstauflösung eine spätere Neugründung begünstigen würde. Doch bereits im Juli machte das Verbot zur Neugründung der Parteien diese Gedankenspiele zunichte.

## Die Gleichschaltung

Orientierung aller Lebensbereiche auf NS-Vorstellungen

In der Folgezeit begann eine Politik der »Gleichschaltung«, eine Unterordnung aller politischen, wirtschaftlichen, kulturellen und sozialen Bereiche unter die nationalsozialistische Herrschaft. Denk- und Handlungsweisen schrieben die Nationalsozialisten vor, das Individuum sollte in einer sogenannten »Volksgemeinschaft« aufgehen. Besonders großes Augenmerk richtete man auch auf die Erziehung der Jugendlichen, die mit NS-Gedankengut aufwachsen sollten (s. S. 91).

1934 Hitler »Führer und Reichskanzler«

Nachdem Hitler in wenigen Monaten die Demokratie völlig beseitigt hatte, gingen ein Jahr später, 1934, nach dem Tod des 86-jährigen Reichspräsidenten Paul von Hindenburg, auch dessen Befugnisse auf ihn über. Hitler nannte sich jetzt »Führer und Reichskanzler« und besaß die unbeschränkte Herrschaft im Deutschen Reich. Außerdem wurden die Soldaten der Reichswehr auf seine Person vereidigt.

Ausschaltung jeglicher Opposition

Rücksichtslos gingen die Nationalsozialisten von Beginn an gegen Andersdenkende vor. Durch Härte wollten sie demonstrieren, dass Widerstand zwecklos war. Bürger, in denen die Machthaber eine Gefahr sahen, wurden in »Schutzhaft« genommen. Im März 1933 errichteten die Nationalsozialisten in Dachau das erste Konzentrationslager, wo Folter, Ausbeutung durch Arbeit und unmenschliche Haftbedingungen an der Tagesordnung waren. Dort wurden nicht nur politische Gegner der Nationalsozialisten eingesperrt, sondern auch rassisch Verfolgte, wie Juden sowie Sinti und Roma.
Die Richter sprachen bei den geringsten politischen Vergehen hohe Strafen aus, eine Berufung war nicht möglich. Neben der Geheimen Staatspolizei (»Gestapo«) sorgten die SS (»Schutzstaffel«), ursprünglich die persönliche Leibwache Hitlers, und der Sicherheitsdienst (SD) dafür, dass viele Menschen, die dem Nationalsozialismus kritisch oder passiv gegenüberstanden, sich anpassten und Mitglieder in einer der vielen NS-Organisationen wurden.



Der Großteil der Deutschen befürwortete die Herrschaft der Nationalsozialisten, weil es nach der Weltwirtschaftkrise wieder spürbar aufwärts ging. Die Regierung investierte massiv in die Rüstungswirtschaft. So wurden militärisch bedeutsame Anlagen wie Kasernen, Flugplätze oder Befestigungen gebaut; die Industrie produzierte auch Kriegsschiffe, Lastwagen und Gewehre. Die Arbeitslosenzahlen nahmen ab. Dies gelang u. a. dadurch, dass Frauen aus dem Berufsleben hinausgedrängt wurden und die allgemeine Wehrpflicht sowie ein verpflichtender Reichsarbeitsdienst eingeführt wurden.

Kundgebung der HJ (Hitlerjugend) am 1. Mai 1933 in Berlin

## Propaganda

Die Propaganda sorgte dafür, die Begeisterung der Massen für die nationalsozialistische »Volksgemeinschaft« immer wieder neu anzufachen, und nutzte dafür alle Medien, sei es die Presse, den Rundfunk oder den Film. Spektakuläre Kundgebungen mit Massenaufmärschen anlässlich der Reichsparteitage in Nürnberg oder die Olympischen Spiele in Berlin 1936 sollten die Begeisterung der Massen für das nationalsozialistische Regime immer wieder neu wecken. Dass Hitler den Wirtschaftsaufschwung vor allem der Rüstungsindustrie verdankte und konsequent auf einen Krieg um »Lebensraum« hinarbeitete, wollten die meisten nicht wahrhaben.

## Verfolgung der Juden

Die deutschen Juden waren Hauptopfer des nationalsozialistischen Regimes. Zunächst wurden sie schikaniert, diskriminiert, aus dem Staatsdienst herausgedrängt und in ihrem Privatleben eingeschränkt. So war z. B. der Besuch von Kinos, der Besitz von Radios oder das Halten eines Hundes verboten. 1935 wurde den Juden mit den »Nürnberger Rassegesetzen« praktisch die deutsche Staatsbürgerschaft entzogen, zudem wurden sexuelle Beziehungen zwischen Juden und Nichtjuden unter Strafe gestellt.

Am Abend des 9. November 1938, der sogenannten »Reichspogromnacht«, zerstörten SA (= Sturmabteilung; halbmilitärische Organisation der NSDAP) und SS in ganz Deutschland Synagogen und Geschäfte von Juden. Sie drangen in die Häuser von Juden ein, verschleppten oder töteten sie. Etwa 400 Juden kamen in dieser Nacht und den darauf folgenden Tagen ums Leben. Nach dem Pogrom wurde den Juden eine »Sühneleistung« für die entstandenen Schäden in Form einer Sondersteuer von einem Viertel ihres Vermögens abverlangt. Wer ein Aufnahmeland fand, wanderte aus. Die »Reichspogromnacht« zeigte deutlich, dass die Nationalsozialisten das jüdische Leben in Deutschland vollkommen und nachhaltig unterdrücken wollten.

## NS-Außenpolitik

Zwischen Friedensbeteuerungen und Kriegsvorbereitungen

Hitlers außenpolitisches Ziel war die Gewinnung von Lebensraum im Osten. Er beteuerte öffentlich seinen Friedenswillen, um die Deutschen ebenso wie das Ausland in Sicherheit zu wiegen, bereitete aber insgeheim die Wiederaufrüstung und den Krieg vor. Bereits 1933 hatte er vor Generälen der Reichswehr die Wiederaufrüstung angekündigt. 1936 ordnete er an, dass die Wehrmacht, wie die Reichswehr seit 1935 hieß, in vier Jahren kriegsbereit sein solle. Hitler brach den Versailler Vertrag Stück für Stück, während das Ausland tatenlos zuschaute: 1935 wurde die allgemeine Wehrpflicht eingeführt, 1936 das entmilitarisierte Rheinland besetzt.



England und Frankreich erhoben keinen schwerwiegenden Protest. Zum einen war Europa nach dem Ersten Weltkrieg immer noch kriegsmüde, zum anderen gab es aber auch gerade in England Stimmen, die den Versailler Vertrag für zu hart hielten und Hitler die Vertragsbrüche zugestanden.

»Appeasement-Politik«

Diese Politik der Zugeständnisse und des Nachgebens wird als »Appeasement« (= Beschwichtigung, Beruhigung) bezeichnet.

1938 schloss Hitler Österreich an das Deutsche Reich an. Schließlich beanspruchte er das Sudetengebiet für das Reich und drohte mit einem Einmarsch. Im Sudentenland lebte zwar eine mehrheitlich deutschsprachige Bevölkerung, es gehörte aber völkerrechtlich eindeutig zur Tschechoslowakei.

**Erweiterung des deutschen Machtbereichs bis 1939**

— Staatsgrenze 1937

Deutsches Reich und angegliederte Gebiete = Großdeutschland 1939

**1** Januar 1935: Saarland fünfzehn Jahre unter Verwaltung durch den Völkerbund; überwältigende Mehrheit der Bevölkerung stimmt für die Eingliederung ins Deutsche Reich

**2** März 1936: Einmarsch ins entmilitarisierte Rheinland (Bruch des Versailler Vertrags)

**3** März 1938: Einmarsch deutscher Truppen in Österreich

**4** Oktober 1938: deutschsprachiges Sudetenland an das Deutsche Reich abgetreten

**5** März 1939: »Rest-Tschechei« besetzt (»Reichsprotektorat Böhmen und Mähren«)

**6** März 1939: Memelgebiet seit 1919 unter der Verwaltung des Völkerbundes; durch Verhandlungen wieder Teil des Deutschen Reichs



»Münchner Abkommen«

Europas Mächte wollten aber immer noch keinen Krieg, und so konnte Hitler im September 1938 den Anschluss der Sudetengebiete an das Deutsche Reich (»Münchner Abkommen«) erzwingen. Im Gegenzug versprach der Diktator, fortan Frieden halten zu wollen.

Wie viel das Abkommen wert war, zeigte sich bereits im März 1939, als Hitler in Prag einmarschierte und das »Reichsprotektorat Böhmen und Mähren« ausrief. Diesmal kündigten England und Frankreich allerdings an, nicht nachzugeben, und forderten Hitler auf, diesen Schritt rückgängig zu machen. Da sie nicht daran glaubten, dass Hitler an dieser Stelle Halt machen würde, versuchten sie, ein Bündnis mit der Sowjetunion zu schließen.

Hitler-Stalin-Pakt: Nichtangriffspakt mit der Sowjetunion

Am 23. August 1939 allerdings gelang Hitler ein spektakulärer Coup: Mit dem Hitler-Stalin-Pakt kam er den Westmächten zuvor und vereinbarte mit der Sowjetunion einen Nichtangriffspakt. In einem geheimen Zusatzprotokoll teilten Deutschland und die Sowjetunion Osteuropa in Interessensphären auf. Hitler gestand dabei der Sowjetunion weitreichende Gebietsgewinne zu.

## Der Zweite Weltkrieg

1. September 1939: Überfall auf Polen Beginn der Blitzkriege

Am 1. September 1939 griff Hitler Polen an. Der Zweite Weltkrieg hatte begonnen. England und Frankreich erklärten dem Deutschen Reich den Krieg, ohne jedoch sofort einzugreifen. Nach wenigen Wochen war Polen besiegt, die polnische Armee konnte den modernen Waffen der deutschen Wehrmacht keinen Widerstand entgegenbringen. Die Wochen des Polenfeldzuges zeigten bereits das grausame Gesicht des Zweiten Weltkriegs. Zum einen bombardierte die deutsche Luftwaffe Warschau und machte es ohne Rücksicht auf die Zivilbevölkerung dem Erdboden gleich; solche Bombenangriffe sollten ab 1943 dann auch deutsche Städte zerstören. Zum anderen rückten hinter der eigentlichen Front SS-Einheiten nach und töteten die Menschen, die Hitlers Ideologie zufolge »Untermenschen« waren. Frauen, Kinder und Alte wurden nicht verschont, Tausende wurden in Arbeitslager geschickt und ausgebeutet. Auch hier traf es die Juden am Schlimmsten, die getötet oder in Konzentrationslager gebracht wurden.

1940 Westfront

Auch im Westen ergriff Hitler die Initiative. Im Mai 1940 begann der Feldzug gegen Frankreich, das ebenfalls in wenigen Wochen besiegt wurde. Der Norden und Westen Frankreichs wurden besetzt, der Südosten in einen formal selbständigen, aber in Wirklichkeit von Deutschland abhängigen Staat umgewandelt (»Vichy-Frankreich«). Ein neues Kapitel der deutsch-französischen Erbfeindschaft war damit geschrieben.

Eine erste empfindliche Niederlage musste Hitler im Kampf gegen Großbritannien einstecken, das unter Premierminister Winston Churchill entschlossen Widerstand leistete. Die deutschen Verluste in der »Luftschlacht über England« waren so hoch, das Hitler das Ziel einer Landung in England nicht erreichte und den Luftkrieg im Frühjahr 1941 abbrach.

1941: »Unternehmen Barbarossa«: Angriff auf die Sowjetunion

Hitler fühlte sich im Juni 1941 jedoch stark genug, sich nicht mehr an den Hitler-Stalin-Pakt halten zu müssen, und begann einen Krieg, den er immer für sein Lebensraum-Programm gewollt hatte: den Feldzug gegen Russland. Das »Unternehmen Barbarossa« war anfangs erfolgreich, aber der frühe Wintereinbruch verhinderte einen raschen Vormarsch der deutschen Armeen, sodass die sowjetischen Truppen die Gelegenheit erhielten, sich neu zu organisieren.

Die Waffen-SS, die sogenannten »SS-Totenkopf-Verbände«, aber auch reguläre Truppen und Polizeieinheiten verübten unzählige Massaker im Namen von Hitlers Ideologie. Sowohl in Polen als auch in dem besetzten Teil der Sowjetunion wurde der Großteil der Führungsschicht ausgelöscht. Etwa die Hälfte von den über 6 Millionen gefangenen Soldaten überlebte die Kriegsgefangenschaft nicht. Weit mehr als 50 % aller Kriegsopfer waren Frauen, Kinder und alte Menschen. Die Verfolgung von kommunistischen Funktionären und männlichen Juden entwickelte sich zum Massenmord an der gesamten jüdischen Bevölkerung.

Ausweitung zum Weltkrieg

Ende 1941 wurde der Krieg durch den Angriff Japans auf den amerikanischen Flotten-Stützpunkt Pearl Harbour auf Hawaii und die darauf folgende deutsche Kriegserklärung an die USA endgültig zum Weltkrieg ausgeweitet.

Die Wende im Krieg

Dass die Wehrmacht ihre Kräfte weit überspannt hatte, wurde im Winter 1942/43 in Stalingrad deutlich. Hitler hatte der 6. deutschen Armee, die in Stalingrad eingeschlossen worden war, verboten zu kapitulieren. Es fehlte an Nachschub, die deutschen Soldaten starben durch sowjetische Angriffe, vor allem aber durch Hunger und klirrende Kälte.

1943 landeten alliierte Einheiten in Süditalien. Dies führte zum Ende des mit Hitler verbündeten italienischen Diktators Mussolini und zum Rückzug der deutschen Truppen.

Marsch der Überlebenden aus Stalingrad in die Gefangenschaft (1943)

Mit Amerika war Deutschland ein weiterer gefährlicher Gegner erwachsen, der schon vor der Kriegserklärung die Alliierten, u. a. auch die Sowjetunion, mit Rüstungslieferungen unterstützt hatte. Das Deutsche Reich konnte mit seiner Waffenproduktion nicht mithalten. Im Luftkampf war es bald so geschwächt, dass die Briten und Amerikaner mehr und mehr zu Angriffen gegen die Zivilbevölkerung und Flächenbombardements übergehen konnten. Damit sollte nicht nur die Infrastruktur zerstört, sondern auch die Moral der Bevölkerung gebrochen werden. Die Deutschen kämpften bis zum bitteren Ende, getrieben durch Propaganda und Versprechungen von einem »Endsieg« sowie durch das überall durchgesetzte Standrecht, das eine Verurteilung ohne ein langwieriges Gerichtsverfahren ermöglichte und vielfach mit der sofortigen Hinrichtung des Angeklagten endete.

## Das Kriegsende

Im Juni 1944 erfolgte die Landung der Westalliierten in der Normandie, während vom Osten her die Rote Armee nach Deutschland drängte. Als die sowjetischen Truppen Berlin eingenommen hatten, verübte Hitler im »Führerbunker«

am 30. April 1945 Selbstmord; am 8./9. Mai kapitulierten die deutschen Streitkräfte bedingungslos. Ein Krieg, der ungefähr 60 Millionen Menschen den Tod gebracht hatte, war in Europa zu Ende. In Ostasien fiel die endgültige Entscheidung erst im August 1945, nachdem die US-Luftwaffe über den japanischen Städten Hiroshima und Nagasaki die ersten Atombomben abgeworfen hatte.

## Der Holocaust

Planmäßige Ermordung der Juden

Der Krieg hatte gezeigt, zu welchen Grausamkeiten Menschen fähig sind. Besonders deutlich wurde dies in der von den Nationalsozialisten systematisch betriebenen und organisierten Ausrottung der jüdischen Bevölkerung Europas, aber auch vieler Sinti und Roma.

Die Vernichtung der Juden wird auch als »Shoah« (= großes Unheil) oder »Holocaust« (= vollständige Verbrennung, Brandopfer) bezeichnet. Nach der »Reichspogromnacht« von 1938 hatte man begonnen, die Juden aus Deutschland zu vertreiben und in Konzentrationslager einzuliefern, wo ihre

Konzentrations- und Vernichtungslager im Deutschen Reich und den besetzten Gebieten

Arbeitskraft systematisch ausgebeutet wurde und willkürliche Ermordungen stattfanden. In den besetzten Gebieten zwangen die Deutschen die jüdische Bevölkerung zum Umzug in spezielle Judenbezirke (Gettos), die größten entstanden in Warschau und Lodz. Die Nationalsozialisten errichteten in Polen und Russland unter Führung der SS Vernichtungslager u. a. in Auschwitz-Birkenau, Treblinka, Chelmno, Sobibor, Belzec und Majdanek (s. S. 97). Die meisten Opfer des nationalsozialistischen Massenmords wurden in Gaskammern getötet, in denen Männer, Frauen, Kinder und Alte einen qualvollen Todeskampf litten. Insgesamt wurden bis 1945 etwa sechs Millionen Juden getötet. Noch heute gilt Auschwitz als Symbol für ein Höchstmaß unmenschlicher Verbrechen und als dunkelster Punkt der deutschen Geschichte. Der 27. Januar, an dem im Jahre 1945 sowjetische Truppen die Überlebenden von Auschwitz befreiten, ist heute auch in Deutschland ein nationaler Gedenktag.

Auschwitz

## Widerstand gegen die NS-Diktatur



Gab es denn keinen Widerstand gegen die nationalsozialistische Diktatur? Die heutige Wissenschaft hat nachgewiesen, dass der Nationalsozialismus so tief im Denken und Handeln des Volkes verankert war, dass sich nur wenige Menschen zu einem aktiven oder passiven Widerstand aufraffen konnten. So kritisierten einige Geistliche wie der Münsteraner Bischof von Galen oder Pastor Martin Niemöller und Dieter Bonhoeffer öffentlich das Regime. Beide Kirchen vermieden aber einen offenen Konflikt mit den Nationalsozialisten. Beispiele für den Protest junger Menschen sind die Aktionen der »Edelweißpiraten« im Rheinland und der Münchner Studentengruppe »Die weiße Rose«.

Das Attentat vom 20. Juli 1944, verübt von Claus Schenk Graf von Stauffenberg, der gemeinsam mit einer Gruppe hoher Offiziere und dem ehemaligen Leipziger Oberbürgermeister Carl Goerdeler einen Umsturz plante, scheiterte. Die Verschwörer wurden zum Tode verurteilt.

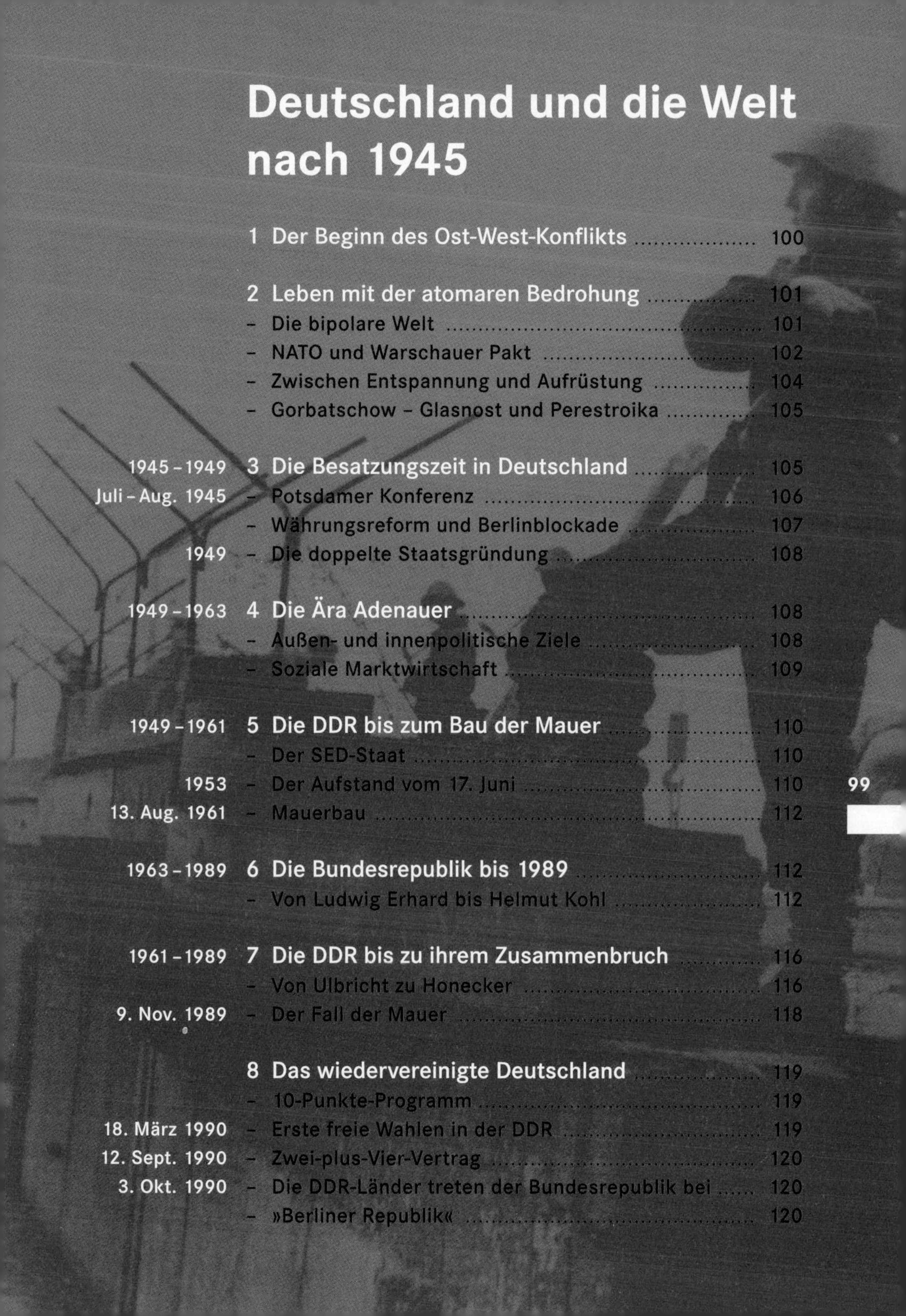

# Deutschland und die Welt nach 1945

Bald nach Kriegsende traten die Gegensätze zwischen den kapitalistischen USA und der kommunistischen Sowjetunion wieder deutlich hervor. Die dadurch entstandenen Konflikte bestimmten in unterschiedlicher Schärfe die Weltpolitik und die Geschichte Deutschlands bis 1990.

## 1 Der Beginn des Ost-West-Konflikts

Die Kriegsallianz zwischen ungleichen Partnern

Hitlers Kriegserklärung an die USA 1941 hatte Staaten mit zwei vollkommen unterschiedlichen Systemen zu Verbündeten gemacht: Die liberale Demokratie USA, weltweit das Symbol für Kapitalismus und nahezu unbeschränkte Freiheit des Individuums, und die Sowjetunion, die eine Diktatur der kommunistischen Partei und ihres Parteichefs war.

Die Westalliierten erkannten, dass ohne die Sowjetunion der Krieg gegen Hitler nicht zu gewinnen war. Der gemeinsame Wille, Hitler-Deutschland zu besiegen, schweißte die ungleichen Partner zunächst zusammen. Im Rahmen der Konferenzen von Teheran 1943 und Jalta im Februar 1945, als der Sieg nur noch eine Frage der Zeit war, galt bereits eine Aufteilung Deutschlands in Besatzungszonen als beschlossen. Außerdem sprachen der amerikanische Präsident Roosevelt und der britische Premierminister Churchill dem sowjetischen Diktator Stalin Ungarn, Rumänien und Bulgarien als Einflusszone zu – der »Eiserne Vorhang«, den Churchill 1945 schon so bezeichnet hatte und der Europa in zwei Teile trennen sollte, nahm Gestalt an.



»Eiserner Vorhang«

Einigkeit demonstrierten die USA und die UdSSR noch einmal, als sich amerikanische und sowjetische Truppen am 25. April 1945 bei Torgau an der Elbe die Hand reichten. Im Juli nach dem Sieg über Deutschland, legten sie in der Konferenz von Potsdam fest, dass jede Macht für ihre Zone selbst verantwortlich war, für Deutschland als Ganzes aber der Alliierte Kontrollrat in Berlin zuständig sein sollte. Bald wurde aber sichtbar, dass der Kontrollrat wegen der völlig verschiedenen Vorstellungen über den künftigen Staatsaufbau Deutschlands selten zu einer Meinung fand (s. S. 106ff.).

Potsdamer Konferenz (2. v. links: Stalin, Mitte: Truman, rechts: Churchill)

Truman-Doktrin
Containment-Politik

In den von der Roten Armee befreiten und besetzten Ländern Ostmitteleuropas setzte die Sowjetunion kommunistische Regierungen ein. Als die Sowjetmacht Ansprüche auf türkische Grenzgebiete erhob und im griechischen Bürgerkrieg massiv die kommunistischen Aufständischen unterstützte, handelten die USA. Der neue amerikanische Präsident Harry S. Truman vertrat die Ansicht, dass eine Kooperation mit der UdSSR nicht mehr möglich sei. Die Truman-Doktrin von 1947 machte deutlich, dass die USA fortan alle demokratischen Staaten Europas vor sowjetischen Übergriffen schützen und jegliche Bestrebungen, den Kommunismus auszuweiten, eindämmen müssten (engl. contain = eindämmen; Containment-Politik). Aus Verbündeten waren in kurzer Zeit erbitterte Rivalen geworden.

## 2 Leben mit der atomaren Bedrohung

Die bipolare Welt

Das Verhältnis zwischen den USA und der UdSSR wurde so sehr von Misstrauen bestimmt, dass ein direkter Dialog nicht möglich war. Es entstand eine bipolare Welt, in der die USA und die UdSSR zwei einander entgegenstehende Pole bildeten. Weil es aber zwischen ihnen niemals zu einem direkten bewaffneten Konflikt kam, spricht man vom Kalten Krieg.

**NATO (SEIT 1949)**

**Gründungs-mitglieder**
Belgien, Dänemark, Frankreich, Großbritannien, Island, Italien, Kanada, Luxemburg, Niederlande, Norwegen, Portugal, Vereinigte Staaten von Amerika

**1952**
Türkei, Griechenland

**1955**
Bundesrepublik Deutschland

**1982**
Spanien

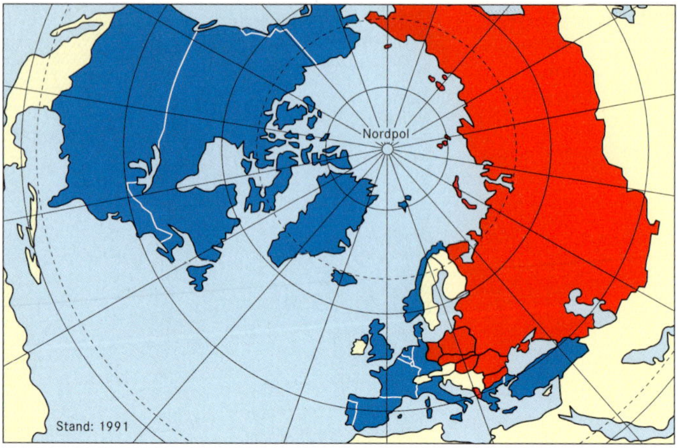


**Nach dem Ende des Warschauer Pakts traten folgende Länder der NATO bei:**

**1999**
Polen, Tschechien, Ungarn

**2004**
Bulgarien, Estland, Lettland, Litauen, Rumänien, Slowakei, Slowenien

**2009**
Albanien, Kroatien

**WARSCHAUER PAKT (1955–1991)**

Sowjetunion, Polen, DDR, Tschechoslowakei, Ungarn, Rumänien, Bulgarien, Albanien (1955–1968)

### NATO und Warschauer Pakt

Die USA und ihre Verbündeten schlossen sich in der NATO (North Atlantic Treaty Organization), einem politischen und militärischen Verteidigungsbündnis, zusammen (1949). Ab 1946 kam es zwischen der Sowjetunion und den Ländern ihres Machtbereichs zur Unterzeichnung von Freundschafts- und militärischen Beistandsverträgen, die die Stationierung sowjetischer Truppen vorsahen. Das östliche Gegenstück zur NATO war seit 1955 der Warschauer Pakt. Die Grenze zwischen beiden Blöcken ging mitten durch Europa und durch Deutschland. Durch diese Militärbündnisse verstärkte sich die Blockbildung.



Rüstungsspirale

Bis 1949 blieben die USA die einzige Atommacht, erst dann gelang der UdSSR ihr erster erfolgreicher Atombombentest. Damit begann ein gefährliches Wettrüsten zwischen den beiden Supermächten, das sich auch auf den Weltraum ausdehnte. Das Kräfteverhältnis war auf ein »Gleichgewicht des Schreckens« ausgerichtet. Man versuchte, stets ein militärisches Patt, einen Gleichstand, zu erreichen.

Koreakrieg

Ab 1950 fanden aber Stellvertreterkriege statt. Dabei handelt es sich um Auseinandersetzungen zwischen Anhängern der UdSSR und der USA, bei denen die Supermächte meist nur indirekte Hilfe in Form von Waffenlieferungen und finanzielle Unterstützung leisten. Die jeweiligen Kriegsgegner kämpften so stellvertretend für die beiden Mächte um deren weltweite Machtposition. Im Koreakrieg (1950–1953) versuchte der sozialistische Norden Koreas den kapitalistischen Süden zu erobern. Dabei wurde der Norden von der UdSSR, der Süden von den USA unterstützt. Die Trennlinie zwischen Nord- und Südkorea von 1953 besteht noch heute.

Vietnamkrieg

Nach ähnlichem Muster folgten weitere Stellvertreterkriege, z. B. in Vietnam (1964–1973). In dem seit 1954 geteilten Land kämpften amerikanische Truppen aufseiten der südvietnamesischen Regierungstruppen. Die Sowjetunion, China sowie die nordvietnamesischen Truppen unterstützten die südvietnamesische Widerstandsbewegung Vietcong. Die Brutalität, die hohe Zahl der Verluste ohne Gebietsgewinne und die lange Dauer führten zu Massenprotesten in Amerika, sodass die amerikanischen Truppen abgezogen wurden; der amerikanische Präsident Nixon schloss 1973 mit Nordvietnam einen Waffenstillstand. Nach der Kapitulation Südvietnams 1975 wurde das Land kommunistisch.

Aufstände im Ostblock

Nach dem Ende des Koreakriegs begannen die Großmächte, die bestehenden Machtverhältnisse nach außen hin zu akzeptieren. Als sowjetische Panzer 1953 einen Volksaufstand in Ostberlin niederschlugen, mischten sich die USA nicht ein. Diese Haltung nahm man auch ein während der Niederschlagung des Ungarn-Aufstandes (1956), dem Versuch der Ungarn, sich von der kommunistischen Herrschaft zu befreien. Weder der Bau der Berliner Mauer (1961), noch die Reformbewegung des »Prager Frühlings« (1968) führten zu einem Eingreifen des Westens. In der Tschechoslowakei hatte der neu gewählte Parteichef Alexander Dubček erfolglos versucht, einen »Sozialismus mit menschlichem Antlitz« zu schaffen.

Kubakrise

Im Oktober 1962 stand die Welt für dreizehn Tage am Rand eines dritten Weltkriegs: Die Kubakrise war durch die Stationierung von sowjetischen Atomraketen ausgelöst worden. 1959 hatte eine Gruppe kommunistischer Revolutionäre um Fidel Castro den kubanischen Diktator Fulgencio Batista, unter dem Kuba wirtschaftlich völlig von den USA abhängig war, gestürzt und sämtlichen amerikanischen Besitz auf der Insel enteignet. Während die Amerikaner eine weitere Zusammenarbeit mit dem neuen Regime ablehnten, nutzte die Sowjetunion die Chance, Atomraketen in unmittelbarer Nähe von Amerika zu stationieren. Die USA unter Präsident John F. Kennedy mobilisierten die Streitkräfte, verlangten den sofortigen Abtransport der Raketen und drohten mit einem atomaren Angriff auf Kuba. Erst in letzter Minute gab der sowjetische Ministerpräsident Nikita Chruschtschow nach. So wurde ein weiterer Weltkrieg verhindert.

Der sowjetische Ministerpräsident Chruschtschow und der amerikanische Präsident Kennedy in einer Karikatur aus der »Daily Mail« (1962)

## Zwischen Entspannung und Aufrüstung

Die Kubakrise machte den beiden Supermächten bewusst, dass es künftig notwendig sei, zu einer Form des friedlichen Zusammenlebens zu gelangen. Als erste Maßnahme wurde der »Heiße Draht« eingerichtet, eine direkte Fernschreiberverbindung zwischen dem amerikanischen Präsidenten und dem sowjetischen Generalsekretär. Zudem nahmen beide Supermächte die lange eingefrorenen Verhandlungen über Rüstungskontrolle wieder auf. 1963 schlossen die USA, die Sowjetunion und Großbritannien ein Abkommen zum Stopp von Atomtests.

Parallel zu den Abrüstungsbemühungen intensivierten sie aber weiterhin ihre Rüstungsanstrengungen und auch die Stellvertreterkriege hörten nicht auf.

Die beiden Supermächte einigten sich in Gesprächen zwischen 1972 und 1979 auf Höchstzahlen für den Besitz von Interkontinentalraketen und atomaren Sprengköpfen (SALT = Strategic Arms Limitation Talks). Von 1972 bis 1975 fanden in Helsinki die Verhandlungen der »Konferenz für Sicherheit und Zusammenarbeit in Europa« statt. Vertreter der USA, Kanadas und fast aller europäischer Staaten verhandelten über Möglichkeiten der Zusammenarbeit. In der Schlussakte verpflichteten sich die Teilnehmerstaaten zum Gewaltver-

Konferenz für Sicherheit und Zusammenarbeit in Europa (KSZE) zicht sowie zur Wahrung der Menschenrechte und bestätigten die bestehenden Staatsgrenzen.

Krieg in Afghanistan

Diese Entspannungspolitik geriet in eine schwere Krise, als sowjetische Truppen 1979 in Afghanistan einmarschierten. Sie sollten der dortigen prokommunistischen Regierung gegen islamische Rebellen zu Hilfe kommen. Der amerikanische Präsident Ronald Reagan betrieb daraufhin eine noch intensivere und teurere Aufrüstung, mit der die UdSSR nicht mithalten konnte, da sie seit Mitte der achtziger Jahre finanziell und wirtschaftlich vor dem Kollaps stand.

Gorbatschow – Glasnost und Perestroika

Der neue sowjetische Generalsekretär Michail Gorbatschow (ab 1985) setzte auf Offenheit (Glasnost) und Transparenz staatlichen Handelns und trat für gesellschaftlichen Wandel und Abrüstung ein. In der Tat gelang der Durchbruch: Die USA und die UdSSR einigten sich 1987 auf die Vernichtung sämtlicher atomarer Mittelstreckenwaffen.

Michail Gorbatschow (1985 – 1991 Generalsekretär der KPdSU)

Gorbatschow setzte gegen massive Widerstände seiner Partei auch in der Sowjetunion eine tief greifende Demokratisierung durch (Perestroika = grundlegender Umbau von Staat und Gesellschaft) und ließ Bürgerbewegungen in den osteuropäischen Staaten mehr Freiraum.

In der westlichen Welt wurde er dafür verehrt, in seiner Heimat dagegen sah er sich massiven Anfeindungen ausgesetzt, weil man ihm vorwarf, die russische Weltmachtstellung verspielt zu haben. 1991 musste er zurücktreten, die Sowjetunion löste sich in Russland und elf weitere souveräne Staaten auf (GUS = Gemeinschaft Unabhängiger Staaten). Der Kalte Krieg, der die Welt so lange in Atem gehalten hatte, war zu Ende.

## 3 Die Besatzungszeit in Deutschland (1945 – 1949)

Besatzungszonen

Nachdem die deutschen Streitkräfte am 8. Mai 1945 bedingungslos kapituliert hatten, übernahmen die Alliierten die Regierungsgewalt und gaben die Aufteilung Deutschlands in vier Besatzungszonen bekannt. Ostdeutschland unterstand der Verwaltung der UdSSR; die Gebiete östlich der Flüsse Oder und Neiße wurden polnisches Staatsgebiet, die USA, Großbritannien und Frankreich waren für die westlichen Teile Deutschlands zuständig (siehe Karte Umschlag hinten). Der »Alliierter Kontrollrat« mit Sitz in Berlin, bestehend aus den Oberbefehlshabern der Zonen, entschied in gesamtdeutschen Angelegenheiten.

Potsdamer Konferenz

Neben den Gebietsveränderungen sowie den Bestimmungen zur Rückführung der deutschen Bevölkerung aus Osteuropa und den deutschen Ostgebieten legten die Alliierten auf der Potsdamer Konferenz (Juli bis August 1945) die wesentlichen Ziele in Bezug auf Deutschland fest. So wurde Deutschland entmilitarisiert, um keine weiteren Kriege mehr führen zu können. Jegliches NS-Gedankengut sollte ausgeschaltet und die Schuldigen bestraft werden. Das Wirtschaftsleben wurde dezentralisiert, um eine Fortsetzung der übermäßigen Konzentration der Wirtschaft zu vermeiden. Der Wiederaufbau auf demokratischer Grundlage sollte ermöglicht werden, ebenso die Zulassung von Gewerkschaften und Verbänden.
Für die deutsche Bevölkerung war die Nachkriegszeit geprägt von dem Kampf ums Überleben, von Flucht und Vertreibung und dem Willen zum wirtschaftlichen Wiederaufbau.



Marshallplan

Da die Westalliierten und die Sowjetunion selten zu gemeinsamen Beschlüssen kamen, entwickelte sich Ostdeutschland vollkommen getrennt von den drei Westzonen. Während Stalin im Osten die kommunistische Partei fördern und Staatsstrukturen nach sowjetischem Vorbild aufbauen ließ, entstanden in den Westzonen seit 1946 Länder mit parlamentarisch-demokratischen Verfassungen, die nach und nach Kompetenzen von den Besatzern übernahmen. Nach dem Prinzip »Hilfe zur Selbsthilfe« gewährten die USA den Europäern Finanzhilfe mit Geldern aus dem Marshallplan, benannt nach dem amerikanischen Außenminister George Marshall, und lieferten Sachmittel für den Wiederaufbau. Damit wollte man aber auch ein weiteres Vordringen des sowjetischen Kommunismus verhindern. Stalin verbot die Annahme dieser Hilfe, weil er westliche Einflüsse im Osten verhindern wollte. 1949 wurde stattdessen für die osteuropäischen Länder der Rat für Gegenseitige Wirtschaftshilfe (RGW) gegründet.

Auch Berlin, das innerhalb der Sowjetisch Besetzten Zone (SBZ) lag, wurde viergeteilt. Die Entwicklung der Stadt entsprach der Gesamtdeutschlands: Das sowjetisch besetzte Ostberlin wurde in die SBZ integriert und nach dem sozialistischen Vorbild ausgerichtet; in den drei Zonen Westberlins entwickelte sich parlamentarisches Leben.

## Währungsreform und Berlinblockade

Den Westalliierten war von der Sowjetunion ungehinderter Zugang nach Westberlin zugesichert worden. Daher wurden drei Korridore auf dem Landweg eingerichtet. 1948, als längst deutlich war, dass die Gründung eines einheitlichen Staates vorerst nicht möglich sein würde, führten die Westalliierten in ihren Zonen und somit auch in Westberlin eine Währungsreform durch: Die D-Mark wurde eingeführt.
Die Sowjetunion wollte ganz Berlin in ihre Zone eingliedern und sah sich durch die Währungsreform an diesem Ziel gehindert. Mit der Sperrung aller Zugangswege zu den Westberliner Sektoren wollte Stalin erreichen, dass die Westalliierten Westberlin aufgeben würden. Aber die amerikanische Armee organisierte eine »Luftbrücke« und versorgte das eingeschlossene Westberlin aus der Luft. Diese Hilfsaktion prägte das Verhältnis zwischen Deutschen und Amerikanern nachhaltig. Nach elf Monaten gab die Sowjetunion die Blockade auf; Westberlin blieb eine freie Stadt.

»Rosinenbomber« der Amerikaner versorgten die eingeschlossene Bevölkerung mit dem Lebensnotwendigen.

Die doppelte Staatsgründung

1949 entstanden mit Unterstützung der jeweiligen Besatzungsmacht zwei deutsche Staaten: Aus den drei westlichen Zonen und Westberlin entwickelte sich die Bundesrepublik Deutschland, eine parlamentarische Demokratie mit der Hauptstadt Bonn. Die Verfassung wurde Grundgesetz genannt, um deutlich zu machen, dass man diesen Staat für etwas Vorläufiges hielt und eine baldige Wiedervereinigung anstrebte. Am 23. Mai 1949 trat das Grundgesetz in Kraft.
Die Sowjetunion zog nach. Am 7. Oktober 1949 wurde die Deutsche Demokratische Republik (DDR) gegründet. Hauptstadt dieses sozialistischen Staates wurde der östliche Teil Berlins.

## 4 Die Ära Adenauer (1949 – 1963)

Außen- und innenpolitische Ziele

Als Konrad Adenauer 1949 zum ersten Bundeskanzler der Bundesrepublik Deutschland gewählt wurde, war er bereits 73 Jahre alt. Als wichtigstes Ziel betrachtete er die Einbindung Deutschlands in ein westliches Bündnis. Er glaubte nicht, die Wiedervereinigung mit der DDR durch direkte Verhandlungen mit der Sowjetunion erreichen zu können, sondern hielt es für wichtig, die Bundesrepublik durch ein Bündnis mit den USA und Westeuropa stark und unangreifbar gegenüber Angriffen von außen zu machen.
Dass dadurch die Spaltung Deutschlands vertieft wurde, nahm er in Kauf. In Paris einigten sich 1954 neun westliche Regierungen, die Bundesrepublik in die NATO aufzunehmen und die Besatzungsherrschaft zu beenden. Nach heftigen innenpolitischen Diskussionen wurde 1956 die allgemeine Wehrpflicht eingeführt. Damit war der Beschluss der Potsdamer Konferenz hinfällig, Deutschland auf Dauer zu entmilitarisieren. Es bestand erneut ein Staat, der, von einigen alliierten Vorbehaltsrechten abgesehen, souverän war.
Ein weiteres Anliegen war Adenauer die Aussöhnung mit dem Nachbarn und früheren »Erbfeind« Frankreich. 1952 schufen die Bundesrepublik, Frankreich, die Benelux-Staaten und Italien einen gemeinsamen Markt für Kohle und Stahl. Diese Staaten legten 1957 mit den »Römischen Verträgen«

Konrad Adenauer (Bundeskanzler von 1949 bis 1963, CDU)

den Grundstein zur heutigen Europäischen Union. So wurden aus Staaten, die noch Jahre zuvor Feinde gewesen waren, Partner und Freunde.

Integration von Flüchtlingen und Vertriebenen

Innenpolitisch bestand die Hauptaufgabe des jungen Staates darin, die unmittelbaren Kriegsfolgen zu beseitigen und Millionen von Kriegsheimkehrern und Vertriebenen inmitten von Trümmern und materieller Not einzugliedern. Die Vertriebenen waren Deutsche, die entweder in den ehemals deutschen Gebieten östlich von Oder und Neiße gelebt hatten und nach Kriegsende von den polnischen Behörden vertrieben wurden, oder solche, die in Russland, der Tschechoslowakei, Ungarn oder auf dem Balkan zum Teil seit Jahrhunderten gelebt und gearbeitet hatten. Diese Eingliederung gehörte zu den größten Leistungen des jungen Staates.

## Soziale Marktwirtschaft

Einen wesentlichen Beitrag zum Erfolg der Bundesrepublik leistete in diesen Jahren der wirtschaftliche Aufschwung. Ludwig Erhard, Adenauers Wirtschaftsminister (1949 – 1963), setzte sich für die Einführung der sozialen Marktwirtschaft ein. Der freie Markt sollte Preise, Angebot und Nachfrage regeln. Der Staat wiederum sollte allen Bürgern einen einträglichen Lebensunterhalt ermöglichen (s. S. 67).

Ludwig Erhard

Das »Wirtschaftswunder« der fünfziger Jahre brachte teilweise zweistellige Wachstumsraten. Ab 1955 herrschte Vollbeschäftigung. »Wohlstand für alle« lautete Erhards Motto. Die Welt staunte, wie schnell Deutschland nach dem verlorenen Krieg wieder eine Wirtschaftsmacht wurde. Es entwickelte sich erstmalig eine Massenkonsumgesellschaft: Ende der fünfziger Jahre gehörten Kühlschrank, Rundfunkgerät und teilweise schon das eigene Auto zum Standard der Mittelstandsfamilie.

# 5 Die DDR bis zum Bau der Mauer (1949–1961)

Walter Ulbricht (1950–1971)

**Der SED-Staat**

Planwirtschaft, Kollektivierung und Verstaatlichung

Nach der Staatsgründung erklärte Parteichef Walter Ulbricht den »Ausbau des Sozialismus« zum vorrangigen Ziel der DDR. Die »Sozialistische Einheitspartei Deutschlands« (SED) beanspruchte das Macht- und Meinungsmonopol. Der Fünfjahresplan von 1950 förderte die Schwerindustrie auf Kosten der Konsumgüterindustrie. Außerdem wurde die Kollektivierung der Landwirtschaft vorangetrieben; das heißt: die landwirtschaftlichen Betriebe verloren ihre Unabhängigkeit und wurden zu »Landwirtschaftlichen Produktionsgenossenschaften« (LPG) zusammengeschlossen. Auch sie lenkte der Staat. Darüber hinaus wurden Industrie und Handwerk verstaatlicht (s. S. 67 Planwirtschaft).

Überwachung durch die Staatssicherheit

Schon früh wurde der Staatssicherheitsdienst (umgangssprachlich: Stasi) aufgebaut, ein Geheimdienst, der die Bürger überwachte, indem er u. a. Gespräche belauschte, Telefonate abhörte und persönliche Briefe zensierte. Viele Bürger fürchteten, sich verdächtig zu machen, und hielten sich daher aus politischen Angelegenheiten heraus, suchten ihr kleines Glück in der Familie und im Freundeskreis. In Stasi-Gefängnissen wie in Berlin-Hohenschönhausen saßen DDR-Bürger oft jahrelang unter menschenunwürdigen Bedingungen und ohne Gerichtsurteil in Isolationshaft.



Wirtschaftliche Situation

In den fünfziger Jahren gab es auch in der DDR ein spürbares Wirtschaftswachstum, das jedoch nie den westlichen Standard erreichte. Die Versorgungsengpässe auf dem Lebensmittelsektor blieben bestehen. Der Abbau von Fabriken durch die sowjetische Besatzungsmacht als Teil der ihnen zustehenden Reparationen (bis 1954) und die massenhafte Abwanderung vieler hoch qualifizierter Spezialisten in den Westen erschwerten die wirtschaftliche Lage noch mehr.

**Der Aufstand vom 17. Juni 1953**

Als die SED 1953 durch eine Änderung des Fünfjahresplans nicht erfüllbare Vorgaben machte und der Lebensstandard fast auf das Niveau der unmittelbaren Nachkriegszeit sank, kam es am 17. Juni zu Streiks von Ostberliner Arbeitern, die sich schnell zu Massenprotesten in der ganzen DDR ausweiteten. Neben wirtschaftlichen Forderungen traten bald auch politische wie Rücktritt der Regierung, die Wiederherstellung der Einheit Deutschlands auf der Grundlage freier Wahlen und die Zulassung von Parteien und Gewerkschaften. Der Aufstand wurde mithilfe von sowjetischen Panzereinheiten niedergeschlagen. Über 50 Menschen kamen ums Leben, 20 wurden standrechtlich erschossen, über 6000 Personen verhaftet. Enttäuschung machte sich unter vielen DDR-Bürgern breit, als man erkannte, dass die Westmächte nicht eingriffen. Diese wollten aber keine direkte Konfrontation mit der Sowjetmacht riskieren und respektierten die jeweilige Einflusssphäre des Gegners (s. S. 103).

Die riesige Kluft zwischen der herrschenden Partei und dem Volk war offensichtlich geworden. Bis 1961 flüchteten ca. 2,6 Millionen Menschen aus der DDR in den Westen, weil sie dort ein besseres und freieres Leben erwarteten.

Flüchtlinge aus der DDR 1949–1961. Zwischen 1962 und dem Fall der Mauer 1989 verließen ca. 700 000 Menschen die DDR.

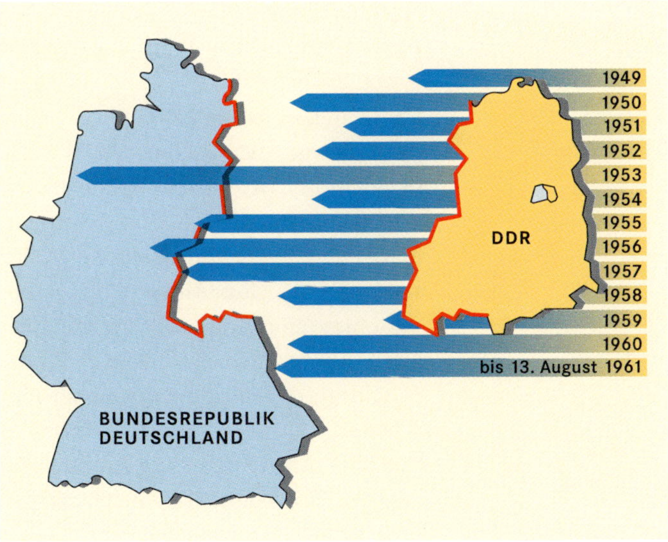

Mauerbau

»Berliner Mauer« mit Brandenburger Tor im Hintergrund

Am 13. August 1961 bereiteten DDR-Grenzsoldaten der Fluchtbewegung ein Ende, indem sie um ganz Westberlin eine Mauer bauten. Sie verlief mitten durch Berlin, trennte Familien und Freunde. Im Laufe der Jahre wurde die Mauer immer weiter ausgebaut und mit Sicherungsstreifen, Selbstschussanlagen und Minenfeldern versehen. DDR-Grenzsoldaten, die an der Mauer ihren Dienst taten, waren verpflichtet, auf Flüchtende zu schießen. Die Zahl der Opfer kann nur geschätzt werden. Jedenfalls gab es bis 1989 weit über einhundert Todesopfer zu beklagen. Die »Berliner Mauer« wurde zum auffälligsten Symbol des Kalten Kriegs und der deutschen Teilung.

## 6 Die Bundesrepublik bis 1989

Von Ludwig Erhard bis Helmut Kohl

Ludwig Erhard, als Wirtschaftsminister außerordentlich populär und beliebt, war als Bundeskanzler (CDU, 1963–1966) kein Erfolg beschieden. 1965 kam es zu einer ersten Wirtschaftskrise. Der »Großen Koalition«, bestehend aus CDU und SPD unter Bundeskanzler Kurt-Georg Kiesinger (CDU, 1966–1969), gelang es, die Wirtschaft wieder anzukurbeln.

Proteste in der Bundesrepublik



Kennzeichen dieser Jahre waren aber auch heftige Proteste vieler junger Menschen, die als »Außerparlamentarische Opposition« (APO) zahlreiche Unzulänglichkeiten anprangerten. Die Jugendlichen und Studenten beklagten die Übermacht der Regierungsparteien und das Fehlen einer wirksamen Opposition. Allgemein ging es um die Kritik an der als »spießig« empfundenen Elterngeneration, die sich nur um ihren wachsenden Wohlstand kümmerte, anstatt u.a. die Schuld an der nationalsozialistischen Vergangenheit aufzuarbeiten.
Heftige Proteste gab es gegen die Einführung der Notstandsgesetze, die es dem Staat ermöglichten, im Krisenfall Grundrechte der Bürger einzuschränken. Zudem regte sich erheblicher Protest gegen den von den Amerikanern geführten Krieg in Vietnam (s. S. 103).
Höhepunkt und zugleich Wendepunkt der Proteste, die es

auch in vielen anderen Ländern gab, war das Jahr 1968. Die oftmals gewaltsamen Ausschreitungen zwischen Demonstranten und Polizeikräften flauten in den siebziger Jahren ab.

Brandt – Scheel

Nach der Bundestagswahl 1969 bildete sich eine Koalition aus SPD und FDP. Diese sozial-liberale Koalition (1969 – 1974) stellte in der bundesrepublikanischen Geschichte einen tiefen Einschnitt dar, weil erstmals die CDU nicht an der Regierung beteiligt war. Bundeskanzler wurde Willy Brandt. Sein Regierungsmotto lautete: »Mehr Demokratie wagen!« Brandt wollte die Bürgerinnen und Bürger für mehr Mitbestimmung in Politik und Gesellschaft gewinnen. Dies war eine deutliche Abkehr vom autoritären Regierungsstil der Ära Adenauer, aber auch eine Folge der Jugendproteste seit 1967. Und in der Tat gewannen die Parteien in dieser Zeit viele Mitglieder und deutlich mehr Menschen als zuvor engagierten sich in Verbänden oder Gewerkschaften.

Sozialpolitik

In den siebziger Jahren stiegen Löhne und Gehälter, die betriebliche Mitbestimmung der Arbeiter und Angestellten wurde erheblich ausgeweitet. Zudem baute man das soziale Netz aus und verbesserte das Straf- und Familienrecht; Frauen erhielten das volle Recht auf Berufstätigkeit.

Neue Ostpolitik

Außenpolitisch setzte Willy Brandt auf »Wandel durch Annäherung«. Brandt bemühte sich um eine Verständigung mit den östlichen Nachbarn. 1970 kam es zur Unterzeichnung des Moskauer Vertrags mit der UdSSR. Darin verzichteten beide Staaten auf die Anwendung von Gewalt bei der Verfolgung ihrer politischen Ziele und erkannten die bestehenden Grenzen in Europa an. Im 1970 geschlossenen Warschauer Vertrag mit Polen wurden die durch das Potsdamer Abkommen (siehe Karte Umschlag hinten) geschaffenen Grenzen bestätigt. Am Denkmal für die Opfer des Warschauer Gettos legte Brandt einen Kranz nieder; spontan fiel er dabei auf die Knie und verharrte einige Augenblicke in der Stille. Die Bilder gingen um die Welt und verdeutlichten, dass der deutsche Bundeskanzler mit dieser Geste in Polen um Entschuldigung für die Gräueltaten während des Zweiten Weltkriegs bat.

Willy Brandt kniet vor dem Mahnmal für die ermordeten Juden des Warschauer Gettos nieder (1970).

Grundlagenvertrag

1972 wurde der Grundlagenvertrag mit der DDR geschlossen. Beide deutsche Staaten bekannten sich zum Gewaltverzicht, erkannten die bestehenden Staatsgrenzen an und bekundeten, sich künftig um ein gutnachbarliches Verhältnis zu bemühen.

Helmut Schmidt



1974 musste Willy Brandt zurücktreten, als bekannt wurde, dass ein enger Vertrauter, Günther Guillaume, der Zugang zu geheimen Akten gehabt hatte, ein Spion der DDR war. Brandts Nachfolger wurde Helmut Schmidt (SPD, 1974–1982), der als Finanzfachmann vor allem versuchte, den Staatshaushalt trotz hoher Verschuldung zu stabilisieren. Die Wirtschaft kämpfte gegen stetig steigende Ölpreise und Lohnerhöhungen ohne gleichzeitige Produktionssteigerungen; immer mehr Arbeitnehmer wurden arbeitslos.

Ölkrise

»Rote Armee Fraktion«

Das Jahr 1977 wurde geprägt vom Terror der »Roten Armee Fraktion« (RAF). Ihre Mitglieder versuchten mit Terroranschlägen das Wirtschaftssystem und die demokratische Ordnung der Bundesrepublik zu untergraben, bei denen zahlreiche Menschen, u. a. der Generalbundesanwalt Siegfried Buback, der Chef der Dresdner Bank, Jürgen Ponto und der Präsident der deutschen Arbeitgeber, Hanns-Martin Schleyer, ermordet wurden. Es kam zu Geiselnahmen und weiteren spektakulären Aktionen. Damit wollte die Rote Armee Fraktion den Staat erpressen und Gesinnungsgenossen aus den Gefängnissen befreien. Bundeskanzler Schmidt hatte während der Entführungen stets betont, dass der Staat nicht erpressbar sei und den Forderungen der Terroristen nicht nachgegeben werden dürfe.

Gesellschaftlicher Wandel

Auch im gesellschaftlichen Bereich gab es viel Bewegung. Trotz der Proteste 1968 und der Versprechen der sozialliberalen Politik waren die meisten Frauen immer noch auf die traditionelle Rolle der Ehefrau und Mutter festgelegt (s. S. 112 ff.). Daher setzte sich die Frauenbewegung verstärkt für rechtliche Gleichstellung, gleichen Lohn für gleiche Arbeit bei Männern und Frauen sowie das Recht des Schwangerschaftsabbruchs ein und erreichte zahlreiche Verbesserungen.

Neben der Frauenbewegung entstanden viele lokale Bürgerinitiativen, die sich politisch engagierten. Die Umweltschutzbewegung mündete 1980 in die Gründung einer neuen Partei »Die Grünen«. Diese griff in ihrem Parteiprogramm viele Forderungen der Frauen-, Friedens- und Umweltbewegung auf.

Logo der Umweltbewegung »Die Grünen« 1979

Helmut Kohl

Im Herbst 1982 führten die unterschiedlichen Meinungen zur Bekämpfung einer weiteren Wirtschaftskrise zum Bruch der Koalition von SPD und FDP. Neuer Bundeskanzler wurde mit den Stimmen von CDU und FDP Helmut Kohl (CDU, 1982–1998).

Außenpolitisch stand er in der Kontinuität seiner Vorgänger. Er erwies sich als zuverlässiger Bündnispartner des Westens, als die USA in Deutschland atomare Sprengköpfe stationieren wollten. Gegen den Widerstand breiter Bevölkerungsschichten setzte Kohl die Stationierung durch.

Innenpolitisch erzielte die christlich-liberale Koalition in den achtziger Jahren zwar ein akzeptables Wirtschaftswachstum und einen deutlichen Anstieg der Löhne, aber die hohe Arbeitslosigkeit blieb erhalten; viele Bürger waren vom Aufschwung ausgeschlossen.

# 7 Die DDR bis zu ihrem Zusammenbruch 1989

Die DDR-Führung baute die innerdeutsche Grenze zur Festung aus. Wer die DDR auf Dauer verlassen wollte, musste ein langwieriges Antragsverfahren über sich ergehen lassen oder die Flucht riskieren.

Kurzfristige Stabilisierung nach dem Mauerbau

Der Mauerbau hatte bewirkt, dass die Wirtschaft sich kurzfristig stabilisierte und die DDR ihre ökonomische Führungsposition innerhalb des Ostblocks ausbauen konnte. Viele Bürger arrangierten sich mit dem Staat, sahen auch die positiven Seiten des DDR-Regimes wie Garantie des Arbeitsplatzes, kostenlose Kinderbetreuung und medizinische Versorgung. Der Staat ließ die Bürger ihren bescheidenen Wohlstand genießen, solange sie sich nicht kritisch zu Wort meldeten.

## Von Ulbricht zu Honecker

Erich Honecker (1971–1989)

1971 wurde Walter Ulbricht als Erster Sekretär der SED abgesetzt, weil er in der Brandtschen Entspannungspolitik eine Bedrohung für die DDR sah. Da aber die UdSSR an dieser sehr interessiert war, wählte man Erich Honecker zum Nachfolger. Der Machtwechsel ließ auch mehr Hoffnungen auf persönliche Freiheiten aufkommen. Doch die DDR-Bürger mussten auch weiterhin für viele Güter des täglichen Bedarfs Schlange stehen und für den Erwerb hochwertiger Konsumgüter Wartezeiten in Kauf nehmen.



Deutsch-deutsche Beziehungen

In den achtziger Jahren hatten sich die Gesellschaften auf beiden Seiten der Mauer auseinandergelebt. Die Führung der DDR schaffte es nicht, das System wirklichen Reformen zu unterziehen, die wirtschaftliche Situation verschlechterte sich zusehends. Die Kontakte zwischen den zwei deutschen Staaten verloren an Schikanen und nahmen in den achtziger Jahren durch bessere Telefonverbindungen und mehr Reisefreiheit von DDR-Bürgern zu. 1982 drohte der DDR der Staatsbankrott, der durch einen Milliardenkredit der Bundesrepublik verhindert werden konnte. Im Jahre 1987 besuchte Erich Honecker erstmals die Bundeshauptstadt Bonn und wurde wie jedes andere Staatsoberhaupt mit militärischen Ehren empfangen.

Die KSZE-Schlussakte von 1975 hatte die Menschen in Osteuropa und in der DDR mutiger gemacht, aber der Staat reagierte auf Opposition stets mit neuen Unterdrückungsmaßnahmen.
Als Michail Gorbatschow seine Ideen von »Glasnost« und Demokratisierung verkündete (s. S. 105), schöpften viele kritische DDR-Bürger neue Hoffnung. Die SED-Führungsschicht war aber vom Fortbestand des Staates überzeugt, ohne dass eine grundlegende Umgestaltung des Systems vorgenommen werden musste.

Wahlbetrug bei Kommunalwahlen

Im Mai 1989 fanden in der DDR Kommunalwahlen statt. Bürgerrechtler überprüften die Auszählung der Stimmen und konnten nachweisen, dass die Wahlergebnisse zum Teil gefälscht waren. Die westlichen Medien trugen mit dazu bei, den Wahlbetrug öffentlich zu machen. Die Behörden reagierten mit scharfen Verwarnungen und Verhaftungen. Daraufhin kam es zu weiteren Protestaktionen. Immer mehr Bürger demonstrierten für politische Mitsprachemöglichkeiten, die Einhaltung von Grundrechten und die Einheit Deutschlands.

»Montagsdemonstrationen«

»Wir sind das Volk!«, lautete der Slogan der Demonstranten, die sich jeden Montag in Leipzig trafen. Die Polizei der DDR ging mit Knüppeln und Tränengas gegen sie vor.
Inzwischen flüchteten immer mehr Menschen über die Tschechoslowakei und Ungarn in den Westen, nachdem Ungarn seine Grenzen nach Österreich im Frühjahr 1989 geöffnet hatte. Auch die deutsche Botschaft in Prag wurde im Spätsommer 1989 zum Zufluchtsort. Nachdem sich dort etwa viertausend DDR-Bürger eingefunden hatten, um von Prag aus in den Westen zu gelangen, erreichte der bundesdeutsche Außenminister Hans-Dietrich Genscher am 30. September ihre Ausreise in die Bundesrepublik.

40 Jahre DDR

Am 7. Oktober 1989 spielten sich in Ostberlin bizarre Szenen ab. Die SED-Spitze feierte mit dem Staatsgast Michail Gorbatschow den 40. Geburtstag der DDR und nahm eine Militärparade ab, während auf den Straßen Polizisten auf Demonstranten einschlugen. In diesem Zusammenhang soll Gorbatschow zu Honecker sein wohl berühmtestes Zitat ge-

sprochen haben: »Wer zu spät kommt, den bestraft das Leben!« Damit warnte er die DDR-Führung davor, sich Reformen gegenüber zu verschließen.
Immer mehr Menschen zog es auf die Straße. Bei der Montagsdemonstration am 9. Oktober, zu der Zehntausende erwartet wurden, drohte die Situation in Leipzig in einen Bürgerkrieg zu eskalieren. Die DDR-Führung hatte verlautbaren lassen, die Demonstration unter allen Umständen zu verhindern. Leipzig glich einem Heerlager, in der Stadt herrschte eine Art »Ausnahmezustand«, Schulen, Kindergärten und Geschäfte wurden geschlossen. Einzig einer in letzter Sekunde zustande gekommenen Initiative von Leipziger Politikern und dem Aufruf der Demonstranten »Keine Gewalt!« war es zu verdanken, dass die Staatsmacht nicht brutal zuschlug, sondern zurückwich. Der Bann war gebrochen.
Erich Honecker musste am 18. Oktober zurücktreten, sein Nachfolger wurde Egon Krenz. Doch auch der neuen SED-Führung traute man nicht. Am 4. November demonstrierten in Ostberlin über eine halbe Million Menschen und forderten Versammlungs-, Reise- und Meinungsfreiheit. Am 7. November 1989 trat die gesamte Partei- und Staatsführung der SED zurück.

## Der Fall der Mauer



Erneut sollte der 9. November zum Schicksalstag der Deutschen werden. Am Nachmittag gab das DDR-Politbüro-Mit-

Begrüßung von DDR-Bürgern am Grenzübergang Kirchhainer Damm in Berlin am 10. November 1989

glied Günter Schabowski eine internationale, vom Fernsehen übertragene Pressekonferenz. Schabowski erklärte, dass ab sofort alle Grenzen der DDR zum Westen geöffnet seien. Kurz danach drängten sich unzählige Menschen an den Grenzübergängen an der Mauer und forderten die völlig überraschten DDR-Grenzer auf, die Übergänge zu öffnen. Die Grenzsoldaten hielten dem Ansturm zunächst stand und warteten auf Direktiven der Staatsführung, erhielten jedoch keine Anweisung. Um kurz nach 21.00 Uhr öffnete sich als erstes der Grenzübergang an der Bornholmer Straße in Berlin. Um 22.00 Uhr befanden sich bereits Tausende von Menschen an der Mauer und erkletterten sie. Unbeschreibliche Freudenszenen spielten sich an allen Grenzübergängen ab, Bürger aus West und Ost lagen sich in den Armen.

## 8 Das wiedervereinigte Deutschland

Demonstranten in Dresden (1990)

**10-Punkte-Programm**

Nach dem Fall der Mauer überstürzten sich die Ereignisse. Aus dem Ruf »Wir sind *das* Volk!« wurde bald »Wir sind *ein* Volk!«. Mit diesem Slogan wurde für die Einheit Deutschlands demonstriert. Wie aber sollte eine Wiedervereinigung vollzogen werden? Mittlerweile war in der DDR die Pressezensur abgeschafft und das Ausmaß des wirtschaftlichen und ökologischen Verfalls in der DDR bewusst geworden. Die hohen Übersiedlerzahlen zwangen die Bundesrepublik zu handeln. In einem 10-Punkte-Programm versprach Helmut Kohl – ohne Rücksprache mit den westlichen Partnern – umfassende Hilfe für die DDR, verband aber diese Hilfe mit politischen Forderungen nach unumkehrbaren Reformen.

**Erste freie Wahlen in der DDR**

18. März 1990

Aus den Bürgerrechtsgruppen waren Parteien hervorgegangen, die westdeutschen Parteien hatten sich mit ihren Schwesterparteien im Osten verbunden. Aus den ersten freien Wahlen in der DDR am 18. März 1990 ging die »Allianz für Deutschland«, ein Parteienbündnis unter Führung der CDU, als Sieger hervor. Der neue Regierungschef Lothar de Maizière (CDU) sprach sich in seiner Regierungserklärung für eine Wiedervereinigung mit der Bundesrepublik aus.

Zwei-plus-Vier-Vertrag 1990

Helmut Kohl wusste, dass ohne die Zustimmung der Siegermächte des Zweiten Weltkriegs die Einheit nicht durchzusetzen war. Während die USA die deutsche Einheit von Anfang an unterstützten, gaben Großbritannien und Frankreich erst nach längeren Verhandlungen ihre Bedenken gegen ein wiedervereinigtes Deutschland auf. Die sowjetische Führung wiederum musste davon überzeugt werden, dass ein vereintes Deutschland nicht neutral, sondern Mitglied der NATO sein solle. Nachdem all diese Hürden geschafft waren, konnte am 12. September 1990 der »Vertrag über die abschließende Regelung in Bezug auf Deutschland« (»Zwei-plus-Vier-Vertrag«) in Moskau von den vier Siegermächten und den beiden deutschen Staaten unterzeichnet werden. Die Nachkriegszeit war nach 45 Jahren jetzt auch formaljuristisch beendet, die Bundesrepublik uneingeschränkt souverän.

Am 1. Juli 1990 wurde in der DDR die D-Mark eingeführt, was zwar das Warenangebot und die Kaufkraft der DDR-Bürger erhöhte, zugleich aber auch die wenig konkurrenzfähige DDR-Wirtschaft dem freien Markt aussetzte. Zahlreiche Betriebe mussten Konkurs anmelden, unzählige Arbeiter wurden entlassen – die Kehrseiten der »Wende« wurden schon früh sichtbar.

Die DDR-Länder treten der Bundesrepublik bei



3. Oktober 1990 Tag der Deutschen Einheit

Im Einigungsvertrag vom 31. August 1990 vereinbarte man, dass die DDR der Bundesrepublik beitrete und keine neue gemeinsame Verfassung erarbeitet werde. Dazu wurden die 1952 von der SED aufgelösten Länder wieder gegründet. Am 3. Oktober 1990 fand die Wiedervereinigung statt.

Aufbau Ost

Die euphorische Stimmung über die Zusammenführung verflog bald, die nachfolgenden Jahre waren gekennzeichnet von dem Versuch, die DDR-Wirtschaft in Schwung zu bringen, die Umweltprobleme und die Forderungen nach Entschädigungen zu lösen. Viele Wohnungen gelangten wieder in den Besitz von Westdeutschen, die vor Jahrzehnten aus der DDR geflohen waren. Die neuen Wohnungseigentümer renovierten diese und verlangten dafür hohe Mieten. Auch die Frage nach der Abrechung mit der Stasi ist noch immer präsent. Der Solidaritätszuschlag, eine Ergänzungsabgabe auf die Steuern, sollte den Um- und Aufbau Ost ermöglichen und dazu beitragen, das Wirtschaftsniveau im Osten den westlichen Bundesländer anzupassen. Noch sind unzählige Probleme nicht gelöst, es wird noch viele Jahre brauchen, um die Unterschiede zwischen Ost und West auszugleichen, die »Mauer« in den Köpfen zu beseitigen und eine gemeinsame Identität zu schaffen.

»Berliner Republik«

Nach der Verlegung der Hauptstadt nach Berlin spricht man auch von der »Berliner Republik«. Es gilt für die deutschen Politiker stets das oberste Ziel, nach außen hin zu signalisieren, dass die Bundesrepublik zwar eine Großmacht, aber vorrangig um eine friedliche Lösung von Konflikten bemüht ist. In den vergangenen Jahren hat die Bundesrepublik ihre militärische und außenpolitische Rolle erweitert. Die Bundeswehr nimmt an Kriseneinsätzen weltweit teil. Sie tritt für ein noch stärkeres Zusammenwachsen der Staaten in Europa ein.

Nach der von Gerhard Schröder als Bundeskanzler (SPD, 1998 – 2005, Koalition mit »Den Grünen«/Bündnis 90) geführten Regierung übernahm 2005 erstmals mit Angela Merkel eine Frau das Amt des Bundeskanzlers einer deutschen Regierung (Koalition aus SPD und CDU/CSU).

Ausblick

Der amerikanische Historiker Francis Fukuyama behauptete 1992 in seinem Buch »Das Ende der Geschichte«, dass durch das Ende des Kalten Kriegs überall auf der Welt liberale Demokratien entstehen und ein Zeitalter des Friedens anbrechen würde. Wir wissen, dass er sich irrte. Terrorismus, ethnische und religiöse Konflikte, globale Probleme wie der Klimawandel oder eine weltweite Finanz- und Wirtschaftskrise – Geschichte ist keine Sackgasse, und nichts geschieht zwangsläufig oder alternativlos. Darum bleibt Geschichte spannend und kontrovers – und das für alle Zeit!

# Namen- und Sachregister

**Bildquellen:**

9 : iStockphoto/Holger Mette – 10: MEV-Verlag – 11: Friedrich, K. – 14: iStockphoto/Carmen Ruiz – 15: Fotolia.com/Blaz Kure – 16: iStockphoto/Serdar Yagci – 18: Friedrich, K. – 20: BilderBox – 22: iStockphoto/Arne Thaysen – 23: Fotolia.com/U. A. – 24: iStockphoto – 29: iStockphoto/Steven Wynn – 33: iStockphoto/Marco Testa – 36: Tourist-Information Nördlingen – 38: Sachsenspiegel, 3. Viertel 14. Jahrhundert, Die Wolfenbütteler Bilderhandschrift, Cod. Guelf. 3.1. Aug. 2° 54 r, Faksimile, Akademische Druck- und Verlagsanstalt Graz, 2006, Museum bei der Kaiserpfalz Ingelheim – 39: MEV-Verlag – 40: iStockphoto/Jhason Abuan – 43: iStockphoto/Robert Kirk – 45: iStockphoto/Jodie Coston – 46: iStockphoto – 48: Süddeutscher Bilderdienst, München – 50: iStockphoto – 52: iStockphoto – 53: Fotolia.com/Robsen – 55: iStockphoto – 58: iStockphoto – 60: iStockphoto – 63: bpk/Kunstbibliothek, SMB/Knud Petersen – 64: Stadt Frankfurt am Main, Karola Neder – 68: iStockphoto – 70: iStockphoto/Marco Richter – 71: iStockphoto/Bulent Ince – 73: Fotolia.com/Stephi – 75: akg-images – 77: bpk – 78 links: BArch, Bild 183-25684-0004/CC-BY-SA – 78 rechts: BArch, Bild 121-0360/CC-BY-SA – 79: akg-images – 83: iStockphoto – 84: BArch, Bild 102-02399/CC-BY-SA – 85: BArch, Bild 146-1998-012-36A/CC-BY-SA – 86: BArch, Bild 183-S38324/CC-BY-SA – 91: BArch, Bild 147-0510/CC-BY-SA – 96: BArch, Bild 183-E0406-0022-010/CC-BY-SA – 99: ullstein bild – TopFoto – 101: BArch, Bild 183-29645-0001/CC-BY-SA – 103: BArch, Bild 183-B0720-0046-001/CC-BY-SA – 104: Süddeutsche Zeitung Photo/SZ Photo – 105: BArch, Bild 183-1986-0421-010/Rainer Mittelstädt/CC-BY-SA – 107: BArch, Bild 146-1985-064-10A/CC-BY-SA – 108: BArch B 145 Bild-F078072-0004/Katherine Young/CC-BY-SA – 109: BArch, B 145 Bild-F004204-0003/Doris Adrian/CC-BY-SA – 110: BArch, Bild 183-19204-1399/CC-BY-SA – 112: BArch, Bild 183-88222-0002/Horst Sturm/CC-BY-SA – 114: ullstein bild/Sven Simon – 115 oben: AGG Objektsammlung – 115 unten: BArch B 145 Bild-F076797-0024/Arne Schambeck/CC-BY-SA – 116: BArch, Bild 183-1986-0421-044/Rainer Mittelstädt/CC-BY-SA – 118: epd-bild/Matthias Krause – 119: BArch, Bild 183-1990-0129-032/Matthias Hiekel/CC-BY-SA.

**Inhalt**



Das Papier ist aus chlorfrei gebleichtem Zellstoff hergestellt,
ist säurefrei und recyclingfähig.



1. Auflage 2009

Druck 13 12 11 10 09
Die letzte Zahl bezeichnet das Jahr des Drucks.

Umschlagkonzept: Mendell & Oberer, München
Umschlagsgestaltung: Lisa Neuhalfen, Berlin
Umschlagillustration: Dorothee Mahnkopf, Berlin
Satz und Layout: Lisa Neuhalfen, Berlin
Reproarbeiten: Repro Ludwig, Zell am See
Lektorat: Dr. Karin Friedrich, Margret Bartoli (Assistenz)
Herstellung: Heiko Jegodtka
Bildredaktion: Helene Schopohl
Druck: Tutte Druckerei GmbH, Salzburg/Passau

ISBN 978-3-637-00841-0